Voces captu[ra el diálo]... [co......]
que nos di[strae] y [em...............]enis. [...z]
ofrece atra[...]vamente [...........]qu[...] cuestiona[...]
en Proverb[ios ....]dor[...]... la .... y voz de Dios
nos advierte e invita a acudir a Él, donde se experimenta el
verdadero gozo y el amor eterno. *Voces* es un poderoso recurso
de discipulado para capacitar a todos en la Iglesia.

Robert Cheong,
Pastor en el Ministerio de Ayuda, Midtown,
Sojourn Community Church, Louisville, Kentucky

He aquí un libro repleto de sabiduría bíblica práctica, que llega
a la vida cotidiana en un estilo fácil de leer. La pasión detrás
de esta serie se debe a que muchos de los recursos orientados
a cristianos en crecimiento, se enfocan en los puntos equivocados: no lidian con las presiones y la diversión de la vida
cotidiana. Andy ha resaltado las verdades transformadoras del
libro de Proverbios, les dio sentido en la historia general de la
Biblia, las conectó con Jesús en el centro y luego las situó en
la vida diaria. Léelo por tu cuenta, o con un amigo o dos, y
aprenderás a escuchar la voz de Dios hoy.

Chris Green,
Pastor, St James Church, Muswell Hill, Londres.
Autor de *Assemble the People Before Me: The Message of the Church*
[Reúne al pueblo delante de mí: El mensaje de la Iglesia]

VOCES

¿A QUIÉN ESTOY ESCUCHANDO?

ANDY PRIME

SERIE EDITADA POR MEZ MCCONNELL

B&H
ESPAÑOL
NASHVILLE, TN

Voces: ¿A quién estoy escuchando?

Copyright © 2022 por Andy Prime
Todos los derechos reservados.
Derechos internacionales registrados.

B&H Publishing Group
Nashville, TN 37234

Diseño de portada e ilustración por Robert Durais

Director editorial: Giancarlo Montemayor
Editor de proyectos: Joel Rosario
Coordinadora de proyectos: Cristina O'Shee

Clasificación Decimal Dewey: 248.86
Clasifíquese: VIDA CRISTIANA / BIBLIA A.T. PROVERBIOS /
TOMA DE DECISIONES

ISBN: 978-1-0877-4878-8

Impreso en EE. UU.
1 2 3 4 5 * 25 24 23 22

ÍNDICE

Introducción

Mi nombre es Andy Prime, y soy parte de un equipo que está plantando una iglesia en un programa social de viviendas en Edimburgo, Escocia. Los programas sociales de viviendas se enfocan en los vecindarios socialmente desfavorecidos y necesitados de Escocia. Plantar una iglesia es tarea difícil en cualquier lugar, pero una de nuestras luchas es que existen muy pocos recursos escritos aplicables a nuestro contexto. No hay suficientes herramientas para ayudar a nuevos cristianos en una comunidad como la mía. Este libro tiene el objetivo de ayudarte a escuchar la voz de tu Padre celestial entre las incontables voces que demandan tu atención. Busca convencerte de que Su voz no solo es digna de ser oída, sino que Él es digno de tu amor y de tu vida. Mi esperanza es que este libro no solo sea útil para los nuevos cristianos de mi comunidad, sino para aquellos en comunidades similares en todo el mundo.

ANDY PRIME
Gracemount, Edimburgo

Cómo usar este libro

La serie *Primeros pasos* ayudará a capacitar a las personas de un entorno no eclesiástico a dar los primeros pasos para seguir a Jesús. Llamamos a esto el «camino al servicio», ya que creemos que todo cristiano debería ser capacitado para servir a Cristo y a Su Iglesia sin importar sus antecedentes o experiencia.

Si eres líder en una iglesia y ejerces el ministerio en lugares difíciles, utiliza estos libros como una herramienta para ayudar a que aquellos que no están familiarizados con las enseñanzas de Jesús se conviertan en nuevos discípulos. Estos libros los ayudarán a crecer en carácter, conocimiento y acción.

Si eres nuevo en la fe cristiana y todavía luchas con entender qué es ser un cristiano, o lo que la Biblia realmente enseña, entonces esta es una guía fácil para dar tus primeros pasos como seguidor de Jesús.

Existen muchas maneras de utilizar estos libros.

- Pueden ser usados por una persona que simplemente lee el contenido y trabaja en las preguntas por sí misma.
- Pueden ser usados en un escenario individual, donde dos personas leen el material antes de reunirse y luego discuten juntas las preguntas.
- Pueden ser usados en un escenario de grupo, donde un líder presenta el material como una conversación, deteniéndose para tener una discusión de grupo durante la misma.

Tu escenario determinará la mejor manera de utilizar este recurso.

GUÍA DEL USUARIO

Mientras trabajas a través del libro, encontrarás las siguientes leyendas:

LA HISTORIA DE GARY: Al inicio de cada capítulo encontrarás a Gary, y escucharás algo sobre su historia y lo que ha estado sucediendo en su vida. Queremos que tomes lo que hemos aprendido de la Biblia y descubras qué diferencia haría en la vida de Gary. Así que cada vez que veas este símbolo, escucharás algo más sobre su historia.

ILUSTRACIÓN: A través de ejemplos y escenarios de la vida real, estas secciones nos ayudarán a entender los puntos a desarrollarse.

DETENTE: Cuando lleguemos a un punto importante o difícil, te pediremos que hagas una pausa, y pases un tiempo reflexionando o conversando sobre lo que acabamos de aprender. Esto puede ser responder a algunas preguntas, o puede ser escuchar más sobre la historia de Gary.

LEE 3X: La Biblia es la Palabra de Dios para nosotros y, por lo tanto, es la palabra final para nosotros en todo lo que debemos creer y en la manera en que debemos actuar. Por ello, queremos leer la Biblia primero, y queremos leerla cuidadosamente. Así que, cada vez que veas esta leyenda, debes leer o escuchar el pasaje bíblico tres veces. Si la persona con la que estás leyendo la Biblia se siente cómoda, pídele que lo lea al menos una vez.

VERSÍCULO PARA MEMORIZAR: Al final de cada capítulo sugeriremos un versículo de la Biblia para memorizar. Hemos encontrado que la memorización de la Biblia es realmente efectiva en nuestro contexto. El versículo (o versículos) se relacionará directamente con lo que hemos abordado en el capítulo.

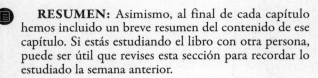

RESUMEN: Asimismo, al final de cada capítulo hemos incluido un breve resumen del contenido de ese capítulo. Si estás estudiando el libro con otra persona, puede ser útil que revises esta sección para recordar lo estudiado la semana anterior.

Conoce a Gary

Gary siempre ha sido uno de los muchachos. Creció en una famosa zona urbana en la ciudad de Sunderland, al norte de Inglaterra, su madre se fue de la casa cuando él era solo un niño, dejando a su padre a cargo de él y de su hermana menor. Aún sigue sin saber por qué su madre los abandonó, probablemente nunca lo sepa.

Gary no pensaba mucho en el trabajo. Casi todos los hombres que conocía solían trabajar en la mina de carbón. Eso nunca fue una opción para Gary luego de que se cerraran los pozos, antes de que comenzara la secundaria. Cuando los pozos cerraron, vio cómo la vida de su padre se dirigió hacia el alcohol y las apuestas. Gary nunca tuvo un trabajo de verdad, pero sobrevivía cobrando su cheque de beneficios mientras trabajaba de vez en cuando en el taller mecánico de su amigo.

LA VIDA AHORA

Ahora, al final de sus treinta y tantos años, Gary sigue siendo uno de los muchachos. Vive en las casas municipales, cerca de su padre y de su hermana. La mayoría de las noches juega fútbol con sus amigos. Se mudó con su novia de varios años, con quien cría a su hijo adolescente. Gary es conocido en la zona como un hombre divertido, que ama las fiestas y que haría lo que fuera por ti.

Todo cambió para Gary cuando uno de sus mejores amigos se convirtió en cristiano. No podía creerlo. Nunca antes había conocido a un cristiano, y no podía negar que algo real le pasó a su amigo. Gary tenía un montón de preguntas y, pacientemente, su amigo trabajó con él hasta que eventualmente también entregó su vida a Cristo y confió en Él como su Salvador.

Esta es la historia de Gary…

¿CUÁL ES EL PUNTO?

Vivir correctamente
en el mundo de Dios
empieza con relacionarse
correctamente con Dios.

CAPÍTULO 1

¿Dónde comienzo?

GARY

Gary es cristiano desde hace seis meses. Ama a Jesús, pero ese sentimiento de conflicto no ha desaparecido. Y ahora, como si vivir en las trincheras no fuera suficiente, todo el mundo parece estar diciéndole cosas diferentes. Su cabeza está dando vueltas. Su pastor sigue dirigiéndolo a Jesús. Pero el problema es que él no es la única voz.

Su esposa parece estar feliz de que esté más tiempo en casa, pero sigue quejándose de que no provee igual desde que cambió.

Su padre mantiene su distancia, pero le advierte que no se tome esta religión demasiado en serio.

Algunos de sus amigos lo animan y le dicen lo bien que lo está haciendo, pero siente que están esperando a que fracase.

Dos de sus amigos siempre están encima de él, ofreciéndole una manera cómoda de regresar a su antiguo estilo de vida.

Y luego está ese muchacho que ama las teorías conspirativas y está seguro de que la Iglesia le ha lavado el cerebro para controlarlo.

Añade a eso las voces en su propia cabeza:

¿Realmente vale la pena esta guerra?
¿Acaso no era tu antigua vida mucho más satisfactoria que esta?
¿Realmente dejaste todo esto atrás para sentirte así?
¿Realmente crees que perteneces aquí y mereces esto?

Cuando solía tomar decisiones sentía que tenía a un ángel en un hombro y a un demonio en el otro. Ahora, siente que tiene cientos de ellos en cada hombro.
¿A quién debería escuchar?

Ⓐ ILUSTRACIÓN

¿Recuerdas cuando estabas en la escuela, y tus compañeros y tú entraban al salón de clases, pero en lugar de que estuviera tu maestra al frente, estaba un maestro suplente? ¿Recuerdas qué pasaba por tu mente?

Hoy podemos salirnos con la nuestra.

Pero imagina que, al día siguiente, tu maestra sigue sin ir a trabajar, y en lugar del maestro suplente, se encuentra el director. ¿Ahora, qué pasa por tu mente?

Hoy no podemos salirnos con la nuestra.

El punto es que, nuestra relación con alguien siempre afecta la forma en que nos comportamos a su alrededor. Esto no solo les sucede a los alumnos cuando un maestro entra al salón. También te sucede a ti, sin importar que la persona que entre en el lugar sea:

tu hermano,
tu abuela,
la policía,

tu perro,
alguien que te atrae,
tu padrastro, etc.

La manera en que nos relacionamos con diferentes personas afecta nuestros pensamientos, y se evidencia en nuestro comportamiento.

DETENTE

Pregunta: Gary tiene muchas voces en su cabeza: su pastor, su pareja, sus amigos. ¿Cómo podría cambiar el comportamiento de Gary dependiendo de cuál de ellos esté junto a él?

«Los proverbios de Salomón, hijo de David, rey de Israel» (Prov. 1:1).

Desde el comienzo observamos que este es un libro escrito por un hombre llamado Salomón, que es el hijo de un rey. Podríamos sentirnos tentados a creer que debe haber sido un hombre inteligente, que vivió una vida perfecta y que tuvo todo lo que siempre quiso. De modo que, quizás resulta tentador pensar: ¿Qué puede enseñarle este tipo a alguien como Gary? Vive en un mundo completamente diferente.

Sin embargo, no juzgues tan rápido, porque cuando vemos la historia de Salomón, nos damos cuenta de que se trataba de una *persona normal* intentando darle sentido a la vida y tan *llena de inseguridades* como la mayoría de nosotros. Cuando estaba a punto de tomar el trono como rey de Israel, después de la muerte de su padre, intentó escabullirse y le ofreció excusas a Dios: «Yo soy joven, y no sé cómo entrar ni salir».

¿Cómo puedo ser rey cuando me siento como un ignorante?

Pero al final, oró a Dios diciendo: «Da, pues, a tu siervo corazón entendido».

En otras palabras: «Dios, dame sabiduría».

En **1 Reyes 4:29-34**, leemos que Dios escuchó su oración, y lo convirtió en el hombre más sabio del planeta. Fue tan sabio e inteligente que la gente viajaba largas distancias para escuchar su sabiduría. *Si Dios puede darle sabiduría a Salomón, puede darle sabiduría a cualquiera,* **incluso a Gary**. De hecho,

En el libro de Proverbios vemos a un Dios *sabio*,
    entregando a Su pueblo necio un *rey sabio*,
        para que puedan aprender a *vivir sabiamente*.

Dios le dio sabiduría a Salomón, para que él pudiera transmitirla a personas como Gary.

El libro de Proverbios es sumamente importante para Gary y para todos los cristianos. ¿Por qué? Después de todo, no es el primer libro de la Biblia en el que pensamos. No estoy seguro de que clasifique dentro de los diez libros más relevantes para enseñar a los nuevos cristianos.

Es importante porque el rey Salomón nos señala hacia un Rey incluso más grande, el Rey de reyes:

JESÚS

En **Mateo 12:42** a *Jesús* se lo describe como alguien *mucho más grande que Salomón*. Por tanto, a medida que leemos juntos este corto libro, debemos recordar que no es simplemente una historia del pasado que no tiene nada que ver con nosotros. El libro de Proverbios es:

el Dios sabio,
entregándole a
Su pueblo necio
el rey más sabio,
para que podamos aprender a vivir sabiamente.

«… para entender sabiduría y doctrina, para conocer razones prudentes, para recibir el consejo de prudencia, justicia, juicio y equidad; para dar sagacidad a los simples, y a los jóvenes inteligencia y cordura» (Prov. 1:2-4).

El primer versículo nos indica quién escribió el libro. Los siguientes versículos nos aclaran por qué lo escribió.

1. Este libro le enseñará a Gary cómo pensar (v. 2).

Un cristiano piensa muy diferente de quienes lo rodean.

La sabiduría del mundo y la sabiduría de Dios no son iguales.

Gary es un nuevo cristiano que acaba de entender estas cosas. Convertirse en cristiano para él no es cosa fácil, al contrario, esto reformará toda su manera de pensar para que «ame al Señor su Dios con toda su mente».

2. Este libro le enseñará a Gary cómo actuar (v. 3).

Un cristiano actúa diferente de quienes lo rodean.

La moral del mundo y la moral de Dios no son iguales.

Una de las cosas importantes que el libro le enseñará a Gary sobre el comportamiento cristiano es la «prudencia». ¿Qué significa esta palabra?

Prudencia es el comportamiento de pensar con la sabiduría de Dios antes de actuar.

Lo opuesto a la prudencia es cuando hacemos algo sin pensar en las consecuencias. Creo que probablemente todos lo hemos hecho. Seguramente todos nos hemos apresurado a tomar una decisión en un momento u otro sin medir las consecuencias.

Como nuevo cristiano, la Biblia dice que ahora Gary tendrá que aprender a vivir su vida y tomar decisiones como un seguidor de Jesús. Será difícil y no sucederá de manera natural debido a que está acostumbrado a vivir la vida a su manera y según sus propias condiciones.

«... para dar sagacidad a los simples, y a los jóvenes inteligencia y cordura. Oirá el sabio, y aumentará el saber, y el entendido adquirirá consejo, para entender proverbio y declaración, palabras de sabios, y sus dichos profundos» (Prov. 1:4-6).

GARY

Gary nunca había escuchado la palabra «prudencia», y mucho menos vivido prudentemente. Toda su vida ha vivido de acuerdo a sus emociones. Se salía de sus casillas cuando lo provocaban. Tomaba decisiones precipitadamente sin analizar las consecuencias.

En el pasado, cuando su hijo lo molestaba, se enojaba y, a veces, incluso reaccionaba de manera violenta...

En el pasado, cuando sus compañeros lo tentaban con cualquier cosa, decía que sí solo para ser parte del grupo...

Tiene deudas y sus tarjetas de crédito están al límite. Debe dinero en todas partes, en malos negocios relacionados con tráfico de drogas y en compras de autos que no puede pagar.

DETENTE

Pregunta: ¿Cómo puede Gary empezar a vivir prudentemente? ¿Cómo puede comenzar a «pensar con sabiduría antes de actuar» en estas áreas de su vida?

«... para dar sagacidad a los simples, y a los jóvenes inteligencia y cordura. Oirá el sabio, y aumentará el saber, y el entendido adquirirá consejo, para entender proverbio y declaración, palabras de sabios, y sus dichos profundos» (Prov. 1:4-6).

Observa a quién está dirigido el libro de Proverbios.

> **Los simples**
> **Los jóvenes**
> **Los sabios**

¿A quiénes se refiere con «los simples»? ¿Está hablando de personas que no son muy brillantes? No. Está hablando de aquellos que, al igual que Gary, son nuevos en la fe.

Está hablando a los que son inexpertos en leer sus Biblias y entender en qué consiste la Iglesia.

Pero también habla a *los jóvenes* que, según Proverbios, necesitan mucha sabiduría, porque a menudo son insensatos. Estos son los tipos de personas que *no son muy fáciles de enseñar*. ¡Creen tener todas las respuestas! Tienden a ser *imprudentes* al elegir a sus amigos, y parecen *ceder constantemente* a la tentación sexual y a la lujuria. *Viven en el momento* y no se preocupan por las cosas eternas.

Finalmente, Proverbios también es para *los sabios*. Muchos cristianos se sienten cómodos a medida que transcurren sus años en la vida cristiana. Después de un tiempo, una vez que tienen algo de conocimiento, comienzan a creer que ya han acabado. Empiezan a pensar en las buenas noticias sobre Jesús y el discipulado como cosas para «creyentes bebés». Pero no se dan cuenta de que:

> Un cristiano *siempre* está aprendiendo y *siempre* puede aprender.
> Un cristiano maduro desea aumentar sus conocimientos.

Un cristiano sabio siempre es consciente de lo fácil que es caer en pensamientos y comportamientos necios.

GARY

Cuando Gary va a la iglesia, siente que todos los demás están «bien». Siente que es el único en el lugar que lucha con las voces en su cabeza. Se siente completamente fuera de lugar.

Gary necesita saber que no todos están bien. De hecho, todos enfrentan la misma experiencia que él, solo que en distintos niveles y con diferentes problemas. **Gary necesita entender que todos luchan para vivir de manera sabia y prudente.**

«El principio de la sabiduría es el temor de Jehová; los insensatos desprecian la sabiduría y la enseñanza» (Prov. 1:7).

ILUSTRACIÓN

¿Qué hacemos una vez que aprendemos el alfabeto? Comenzamos a formar palabras. Luego comenzamos a formar oraciones. Luego párrafos. ¿Qué hacemos cuando aprendemos lo básico de las matemáticas? Lo ponemos en práctica contando, dividiendo y restando. De hecho, ¡las matemáticas son bastante útiles a la hora de administrar dinero y pagar nuestras cuentas! El punto es que, aprendemos lo básico y luego empezamos a aplicarlo en nuestras vidas diarias. Pronto podemos escribir, comprar y pagar cuentas instintivamente porque lo básico detrás de ello está grabado en nuestras mentes.

Si vamos a aprender cómo aplicar la sabiduría en nuestro diario vivir, será mejor que aprendamos lo básico. Si queremos llegar a una etapa en nuestras vidas en la que aplicar sabiduría y prudencia en todas nuestras decisiones sea algo natural, debemos dominar lo básico detrás de esto. Así que, esta es la pregunta:

Si lo básico detrás de escribir es aprender el alfabeto...
Si lo básico detrás de administrar dinero es conocer las matemáticas...

¿Qué es lo básico detrás de actuar con sabiduría y prudencia en la vida cristiana?

Esto es lo sorprendente. Esto es lo que quizás no esperas. La respuesta al problema de Gary, según el libro de Proverbios, es el *temor*. ¿Pero qué es «el temor del Señor»? En la Biblia, el «temor del Señor» es una moneda de dos caras.

En primer lugar, está el temor a Dios para aquellos que no están en una correcta relación con Dios.

Es un terror angustiante porque nuestro pecado nos hace responsables ante el juicio de Dios. Podemos dar un vistazo a las primeras páginas de la Biblia, cuando Adán y Eva se rebelaron contra Dios y escucharon a Dios caminando en el huerto, se escondieron *aterrorizados porque sabían que enfrentarían el juicio de Dios.*

Los que son pecadores y rebeldes contra Dios, deben estar aterrorizados de este Dios. En **Isaías 33:14** escuchamos a los pecadores llorar de terror: «¿Quién de nosotros morará con el fuego consumidor? ¿Quién de nosotros habitará con las llamas eternas?».

Si no eres cristiano
> *puedes temerle a nada,*
>> *puedes temerle a todo,*
>>> **pero algo sí debes temer**:
un día enfrentarás las consecuencias de tu rebeldía contra el Creador.

«Horrenda cosa es caer en manos del Dios vivo» (Heb. 10:31).

GARY

Gary está confundido. Piensa: *Pero si por esa razón me convertí en cristiano. Ese temor al juicio de Dios fue lo que me llevó a confiar en que, cuando Jesús murió en la cruz, tomó ese juicio en mi lugar. Así que seguramente ahora no tengo que temerle a Dios.*

DETENTE

Preguntas: ¿Qué piensas? ¿Tiene Gary razón? ¿Cómo le responderías?

Gary necesita entender que existe otro temor del Señor para aquellos que están en una correcta relación con Él.

Gary tiene razón, *ya no tiene por qué temer el juicio de Dios por su pecado.* **Sin embargo**, la Biblia es clara, *incluso ahora su relación con el Señor deber ser una de «temor».* Eso no es cierto solo en el Antiguo Testamento, en libros como Proverbios, sino también en el Nuevo Testamento.

«Y si invocáis por Padre a aquel que sin acepción de personas juzga según la obra de cada uno, conducíos en temor todo el tiempo de vuestra peregrinación» (1 Ped. 1:17).

«Honrad a todos. Amad a los hermanos. Temed a Dios. Honrad al rey» (1 Ped. 2:17).

«Por tanto, amados míos, como siempre habéis obedecido, no como en mi presencia solamente, sino mucho más en mi ausencia, ocupaos en vuestra salvación con temor y temblor» (Fil. 2:12).

En otras palabras, *el pueblo de Dios* debe ser *temeroso de Dios.*

No obstante, la pregunta de Gary continúa. **Si Jesús nos salva de nuestros pecados y de la ira venidera de Dios, ¿por qué debemos temer al Señor exactamente?**

Bueno, podemos ser salvos, pero eso no significa que podemos dar por hecho nuestra nueva paz con Dios. En el libro de Proverbios, Dios se menciona 94 veces y 87 veces recibe el título de: *el Señor*.

Cuando se trata de nuestra relación con el Señor, **nunca debemos olvidar** exactamente con quién es nuestra relación y de qué lado de la relación nos encontramos.

Él es el Creador. *Nosotros fuimos creados.*
Él es eterno. *Hoy estamos aquí, mañana ya no.*
Él es santo. *Nosotros somos pecadores.*
Él es el Salvador. *Nosotros somos los necesitados.*
Él es el Padre. *Nosotros somos Sus hijos.*
   ¿Ves quién es Él?
      ¿Ves quiénes somos nosotros?
         ¿Ves de qué lado de la relación estamos?

Eso impacta la manera en que nos relacionamos con Él.

Y eso impacta la manera en que pensamos y actuamos.

Nosotros no creamos las reglas.
Nosotros no movemos los hilos.
Nosotros no estamos a cargo.
Nosotros nos inclinamos y lo adoramos.
Nos maravillamos ante Él.
Lo obedecemos en humildad.
Lo respetamos profundamente.
En resumen, tenemos «temor» de Él.

Piensa de nuevo en dónde comenzamos este capítulo. Si el maestro suplente está en el salón, nos comportamos de una manera; si el director está en el salón, nos comportamos de otra manera; si un policía está presente, nos comportamos de cierta manera; si alguien que nos atrae está presente, nos comportamos de manera diferente; si nuestra abuela está presente, nos comportamos de una manera distinta.

Gran parte del comportamiento de Gary es motivado por el miedo. Teme decepcionar a su pastor, por lo que sigue intentando perseverar en la iglesia. Pero también le teme a su padre, así que cuando él está cerca le resta importancia a lo serio que se está tomando este asunto del cristianismo. Realmente teme lo que sus amigos piensen de él, por lo que niega cuánto tiempo comparte con los cristianos y miente sobre dónde ha estado para tratar de cuidar su reputación.

DETENTE

Pregunta: ¿Cómo cambiaría el comportamiento de Gary en todas estas áreas si realmente conociera «el temor del Señor»?

Saber que estamos en una relación con el Señor, y saber de qué lado de la relación nos encontramos, significa que sabemos que el Señor está en cada lugar.

> **Él está en todas partes.**
> **Él lo ve todo.**
> **Él lo escucha todo.**
> **Él conoce todas las cosas.**

El mayor problema de Gary, y el nuestro, es que *teme a la persona incorrecta*. El factor más importante que controla o cambia nuestro comportamiento no debería depender de la relación que tenemos con quien sea que esté presente, sino de nuestra relación *con el Señor, que es inmutable y está en todas partes*.

Los problemas de Gary surgieron porque se ha estado comportando como un camaleón. Actúa de manera diferente alrededor de diferentes personas. Evalúa constantemente en qué lugar de la jerarquía se encuentra, dependiendo de quién esté frente a él. Si les teme, se ubica en la última posición. Si no les teme, hará que ellos le teman. Se ha vuelto hipócrita. *Imagina cuán diferente serían su vida y sus relaciones si realmente comenzara a temer al Señor sobre todas las demás personas en su vida.*

GARY

¿Cómo comienzo? ¿Qué hago?

De nuevo, regresamos al inicio, al «A, B, C», al «1, 2, 3», y vemos una vez más la cruz de Jesús. Es al pie de la cruz que comprendemos *el absoluto terror de lo que merecen nuestros pecados*. Es al pie de la cruz que quedamos maravillados ante *el Señor Todopoderoso que debe ser temido sobre todo*.

Cuando Gary mira la cruz de Jesús, ve a un Dios que debería amar y temer.

> *Él es asombroso, santo y justo.*
> *Pero también es bondadoso, perdonador y misericordioso.*

Es aquí donde Gary entró en una relación con Él; pero no hay duda de qué lado de la *relación se encuentra Gary.*

VERSÍCULO PARA MEMORIZAR

«El principio de la sabiduría es el temor de Jehová, los insensatos desprecian la sabiduría y la enseñanza» (Prov. 1:7).

RESUMEN

Gary, escucha, hijo mío. Necesitas tomar decisiones sabias y prudentes en cada área de tu vida. La única manera de hacer esto es adquiriendo sabiduría y aprendiendo a temer al único y sabio Rey, Dios.

¿CUÁL ES EL PUNTO?

Escuchar la voz incorrecta me dejará atrapado, pero la voz de Dios me mostrará dónde están las trampas.

CAPÍTULO 2

¿A quién debo escuchar?

ILUSTRACIÓN

¿Cuál era tu broma favorita cuando eras niño?

¿Un balde de agua sobre una puerta semiabierta...?
¿Cinta adhesiva sobre el asiento del inodoro...?
¿Quizás la clásica broma en pareja, donde uno de los dos se agacha detrás de alguien, y el otro empuja a la persona para que caiga...?

¿Pero cuál es el factor más importante a la hora de planear una broma?

La clandestinidad.

Si la víctima observa que la broma está siendo planeada, nunca caerá en ella.

«Porque en vano se tenderá la red ante los ojos de toda ave» (Prov. 1:17).

Apuesto a que nunca pensaste que recibirías una lección sobre cómo atrapar aves cuando elegiste este libro. Pero el mismo principio aplica tanto para las aves como para las bromas. Si un ave ve la red, el ave evita la red.

Pero si el cazador esconde la red, tendrá oportunidad de atrapar algunas aves.

En nuestro libro anterior, *Guerra*, discutimos a cierta profundidad las trampas tendidas por **el mundo, la carne y el diablo.** Frecuentemente existe un peligro con nuestras adicciones.

> *Prometen placer*, pero **esconden una red mortal.**
> *Prometen comodidad*, pero **ocultan esclavitud.**
> *Prometen vida*, pero **aceleran la muerte.**
> **La paga del pecado siempre ha sido, y siempre será, la muerte.**

Pero esto es lo que Salomón quiere hacer en el libro de Proverbios: decirnos dónde están las trampas. ¿Por qué lo hace? Porque sabe que, *si el ave ve la red, evitará la red*. Por lo que se ocupa en indicar dónde están todas las trampas, para que podamos evitarlas.

> *Quiere exponer las redes para salvarnos de tropezar.*
> *Quiere traer la trampa a la luz para que podamos huir.*
> *Quiere tomar lo que pudo haber sido fatal y hacerlo inútil.*

Ya sabemos que la vida cristiana es peligrosa porque tenemos muchos enemigos. Sin embargo, la buena noticia es que:

> *transitamos este camino*
> *con nuestra Biblia en mano,*
> *tenemos la voz del Rey Jesús*
> *para indicarnos dónde están todas las trampas mortales.*

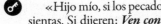 «Hijo mío, si los pecadores te quisieren engañar, no consientas. Si dijeren: *Ven con nosotros; pongamos asechanzas*

*para derramar sangre, acechemos sin motivo al inocente; los tragaremos vivos como el Seol, y enteros, como los que caen en un abismo; **hallaremos riquezas de toda clase, llenaremos nuestras casas de despojos;** echa tu suerte entre nosotros; **tengamos todos una bolsa.** Hijo mío, **no andes en camino con ellos. Aparta tu pie de sus veredas,** porque sus pies corren hacia el mal, y van presurosos a derramar sangre. Porque en vano se tenderá la red ante los ojos de toda ave; pero ellos a su propia sangre ponen asechanzas, y a sus almas tienden lazo. Tales son las sendas de todo el que es dado a la codicia, **la cual quita la vida de sus poseedores***» (Prov. 1:10-19).

Aquí Salomón le enseña a su hijo una historia para mostrarle dónde estará una de las trampas más poderosas y peligrosas. Y es un pequeño relato que debería sorprendernos. ¿Por qué? Porque Salomón le advierte a su hijo que, si no tiene cuidado, podría convertirse en un asesino de inocentes.

Recuerda, este es el hijo de un rey. No cualquier rey. El rey más sabio y rico en el planeta. No importa si eres un príncipe o un mendigo, todos debemos estar atentos a las cosas de la vida que pueden hacernos caer en el pecado.

Esta historia revela una trampa poderosa y peligrosa. ¿Cuál es la carnada en esta trampa? ¿Cuál es la tentación que atraería al hijo a esta red?

Es la emoción de una persecución.
El dinero fácil.
Y la diversión que obtienes por ser uno de los muchachos.

¿Lo ves? La carnada es tan tentadora. Esto es todo lo que amamos:

un poco de emoción,
    dinero en tu bolsillo,
        sentirte parte de la pandilla.
Estas otras voces estarán en nuestras cabezas.

Serán ruidosas.
    Serán extremadamente atractivas.
        Estas otras voces prometerán muchas cosas.

Pero Salomón sabe que, aunque puede parecer muy tentador, *es una trampa mortal.*

No solo nos muestra lo que promete dar, sino también lo que se llevará. Le dice a su hijo que le quitará su vida, en el **versículo 19**, Salomón expone la red que puede acabar con la vida de su hijo. Por lo que le suplica:

«Escucha, hijo mío,
no andes en camino con ellos.
Aparta tu pie de sus veredas».

GARY

Gary conoce algo sobre la emoción de la persecución en su propia vida. La emoción de hacer dinero fácil con las drogas. La emoción de ser uno de los tipos que pelea en los juegos de fútbol. La emoción de conocer a una extraña en un club y llevarla a la cama. Antes de convertirse en cristiano estas tres cosas habrían sido la receta perfecta para una buena noche fuera. Gary todavía recibe con regularidad mensajes de sus viejos amigos, al igual que en la historia de Proverbios, diciendo: «Ven con nosotros...».

DETENTE

Pregunta: ¿Cómo ayuda esta historia a Gary a saber qué hacer con estos mensajes?

«La sabiduría clama en las calles, alza su voz en las plazas; clama en los principales lugares de reunión; en las entradas de las puertas de la ciudad dice sus razones. ¿Hasta cuándo, oh simples, amaréis la simpleza, y los burladores desearán el burlar, y los insensatos aborrecerán la ciencia? Volveos a mi represión; he aquí yo derramaré mi espíritu sobre vosotros, y os haré saber mis palabras. Por cuanto llamé, y no quisisteis oír, extendí mi mano, y no hubo quien atendiese, sino que desechasteis todo consejo mío y mi represión no quisisteis, también yo me reiré en vuestra calamidad... como un torbellino; cuando sobre vosotros viniere tribulación y angustia. Entonces me llamarán, y no responderé; me buscarán de mañana, y no me hallarán. Por cuanto aborrecieron la sabiduría, y no escogieron el temor de Jehová, ni quisieron mi consejo, y menospreciaron toda represión mía, comerán del fruto de su camino, y serán hastiados de sus propios consejos, porque el desvío de los ignorantes los matará, y la prosperidad de los necios los echará a perder; mas el que me oyere, habitará confiadamente y vivirá tranquilo, sin temor del mal» (Prov. 1:20-33).

Entonces, hemos escuchado la voz de Salomón.

Y hemos escuchado la voz de aquellos que nos llevan hacia una trampa.

Ahora bien, para asegurarnos de escuchar la voz de la sabiduría de Dios en nuestras mentes sobre cualquier otra voz, Salomón presenta a una mujer llamada Sabiduría. Ya hemos visto que la sabiduría de Dios se verá reflejada de manera perfecta en el Rey Jesús. Pero, antes de que llegue a la tierra, Salomón ilustra la sabiduría de Dios como una mujer. Y lo primero que notas sobre ella es que *es estruendosa.*

Muy ruidosa.

Lo cual, si somos sinceros, *es lo que necesitamos.* Su voz suma sus fuerzas a la voz de Salomón para hacernos ver que *es vital escuchar las voces de la sabiduría de Dios*, y evitemos las trampas que nos harán caer de vuelta en el pecado. Y habla de un mundo que puede parecer brutal y duro, pero lo hace deliberadamente para sacudirnos de nuestra naturaleza pecaminosa. Ella quiere que sepamos **dos cosas**.

En primer lugar, si quedamos atrapados en estas trampas que el Padre nos muestra, debemos darnos cuenta de **lo difícil que es escapar**. La historia de Salomón se trataba de una invitación al pecado. La *Sabiduría* ahora habla a los que aman su pecado. Habla a *los simples* que aman su simpleza. A *los burladores* que se deleitan en sus burlas. La invitación al pecado ha llevado a un amor por el pecado. Ellos se deleitan en lo que el padre prohibió.

No solo **pecamos**.
Amamos el pecado.

Y eso es lo perverso: *amamos aquello que nos mata.* Y cuando amamos el pecado, es muy difícil escapar de él. Tenemos que ver cómo se desarrolla la historia aquí:

> *Aquello con lo que experimentamos hoy, será nuestra adicción mañana.*
> *Y mientras más amamos el pecado, menos amamos a Dios.*
> *Mientras más escuchamos la voz del pecado, más rechazamos la voz de Dios.*

Por ese motivo, Salomón fue tan enfático en decir: «Escucha, hijo mío, ¡no andes en camino con ellos!».
La conclusión es **que si nos acercamos al pecado terminaremos amándolo**.

GARY

El pastor de Gary a menudo le ha dicho que convertirse en cristiano no se trata solo de una nueva lista de reglas sobre lo que se debe hacer y lo que no, sino de cambiar a quién y qué es lo que ama su corazón. No había entendido eso hasta ahora. Pero continúa siendo una batalla.

> **DETENTE**
>
> *Pregunta: ¿Cómo un creciente amor por Dios ayudará a Gary a luchar contra la tentación de su antiguo pecado?*

En segundo lugar, la *Sabiduría* quiere mostrarnos que **llegará un momento en el que será demasiado tarde**. Aquí es donde la *Sabiduría* se pone nerviosa. Se imagina observándonos atrapados en la trampa del pecado. Nos ve en el desastre, la calamidad y la aflicción de la trampa. ¿Y cómo responde?

> *Se ríe de nosotros.*
> *Se burla de nosotros.*
> *Y no responde a nuestros gritos de ayuda.*

Eso suena duro. Pero Dios *usará toda clase de medios para hacernos reaccionar* si no escuchamos Su voz o no somos conscientes del peligro en el que nos estamos metiendo. La *Sabiduría* nos advierte fuertemente para hacernos reaccionar, a fin de que ella no tenga que reírse o burlarse de nosotros en el futuro. Necesitamos escuchar esto.

> Llegará un momento en el que **será demasiado tarde**.
> Llegará un momento en el que **la oración no tendrá poder**.

Por tanto:

Responde ahora.
   Arrepiéntete ahora.
      Escucha hoy.
         No sabemos si podremos hacerlo mañana.

A veces, incluso como cristianos podemos mirar el pecado y pensar que nunca cambiará. Si estamos leyendo esto, entonces hay esperanza. Pero necesitamos **escuchar**, necesitamos **reaccionar** y necesitamos **actuar** hoy.

GARY

Gary a menudo escucha la voz en su cabeza que dice: «Solo una vez». «Solo una vez más». «Esta será la última vez». «Comenzaré a tomarme en serio mi cristianismo el día de mañana».

DETENTE

Pregunta: ¿Qué consejo le darías a Gary en base a lo que la Sabiduría dice? (Prov. 1:20-33).

Salomón, quien escribe estas palabras, conocía estas cosas de primera mano. ¿Recuerdas quién era? Era el hijo de David. El padre de Salomón, David, sabía lo fácil que era caer en la trampa del pecado, sabía lo rápido que, incluso un rey sabio y rico, podía convertirse en un asesino. Podemos leer la historia en **2 Samuel 11**. El rey David vio a una hermosa mujer bañándose.

> *Eso hizo que hubiera lujuria en su corazón.*
> > *Que se acostara con la mujer en su cama.*
> > > *Que Salomón fuera concebido.*
> > > > *Que ella le mintiera a su marido.*
> > > > > *Que él le tendiera una trampa al esposo en el campo de batalla.*
> > > > > > *Y que el esposo yaciera muerto en una tumba.*

Lo trágico es que Salomón cayó exactamente en la misma trampa (podemos leer sobre eso en **1 Reyes 11**).

La verdad es que todos lo hacemos. La historia que Salomón relata en Proverbios 1 es una trampa en la que todos hemos caído.

Por eso necesitamos un rey mejor que David.
Por eso necesitamos un rey mejor que Salomón.

Jesús es el único que interpreta un actor diferente en la historia.
Mientras todos interpretamos el papel del personaje que se involucra en la conspiración para hacer algo de dinero fácil, Jesús interpreta el papel de un hombre que es atacado y asesinado.

Fue Su sangre inocente la que se derramó.
Su alma inocua fue emboscada.
Él fue llevado a la tumba.

Pero lo hace para poder tomar la desgracia, la calamidad y la aflicción que merece nuestro necio pecado.

El impacto de la devastación lo golpea,
es sobrepasado por la calamidad,
es abrumado por los problemas y aflicciones,

todo para que, si nos arrepentimos de nuestros pecados, y escuchamos Su voz, podamos vivir seguros, tranquilos, sin temor del mal.

VERSÍCULO PARA MEMORIZAR

«Porque el desvío de los ignorantes los matará, y la prosperidad los echará a perder; mas el que me oyere, habitará confiadamente y vivirá tranquilo sin temor del mal» (Prov. 1:32-33).

Gary, escucha, hijo mío. La vida cristiana es peligrosa, y tienes muchos enemigos. Sin embargo, con la Biblia en tus manos tendrás la voz de Jesús para mostrarte dónde están las trampas mortales. Pero cuidado, si quedas atrapado, es difícil escapar, y llegará un momento en el que será demasiado tarde.

¿CUÁL ES EL PUNTO?

En un mundo peligroso, Dios te protegerá al colocar Su sabiduría en lo profundo de tu corazón.

CAPÍTULO 3

¿Quién me respalda?

GARY

Al crecer, Gary sabía que para permanecer a salvo tenía que conocer a las personas correctas. Sabía cómo lidiar consigo mismo, pero desde muy joven aprendió que siempre valía la pena conocer a los muchachos que lo respaldarían. Sin embargo, Gary está empezando a entender que ser cristiano significa que no todas las peleas son físicas. Se da cuenta de que también necesitará algo de respaldo espiritual en esta vida. Pero, de momento, no está muy seguro de cómo funciona esto. Puede construir una reputación para cuidar de su casa y de su familia en el programa de viviendas. Y puede ir al gimnasio de boxeo para asegurarse de que puede cuidarse solo. Pero ahora te pregunta: «¿Qué tengo que hacer para cuidarme espiritualmente?».

ILUSTRACIÓN

Una vez conocí a un hombre que tenía dos hijos. Sus dos hijos tuvieron la misma infancia: el mismo papá; las mismas reglas; los mismos consejos. Uno de los hijos se graduó recientemente de la universidad con un título en leyes. El otro hijo es un alcohólico con un registro criminal que vive en una sala aislada de un hospital.

43

¿Qué sucedió? Ambos hijos **escucharon** exactamente las mismas cosas. Pero solo uno de ellos en realidad **prestó atención**.

Existe una diferencia enorme entre escuchar las palabras de alguien y aceptar las palabras de alguien. Asimismo, existe una gran diferencia entre *escuchar* la voz de la sabiduría y *ser* sabios. Existe un mundo de diferencia entre la sabiduría que escuchamos y la sabiduría que albergamos en nuestros corazones.

«Hijo mío, si recibiereis mis palabras, y mis mandamientos guardares dentro de ti, haciendo estar atento tu oído a la sabiduría; si inclinares tu corazón a la prudencia, si clamares a la inteligencia, y a la prudencia dieres tu voz; si como a la plata la buscares, y la escudriñares como a tesoros, entonces entenderás el temor de Jehová, y hallarás el conocimiento de Dios» (Prov. 2:1-5).

Ya hemos visto en **Proverbios 1:7** que «el principio de la sabiduría es el temor del Jehová». En estos versículos, el autor nos dice cómo llegar allí: «si... si... si... **entonces** entenderás el temor de Jehová, y hallarás el conocimiento de Dios».

Entonces, ¿en qué consiste adquirir sabiduría?

No basta solo con *escucharla*. Tenemos que *recibirla* (v. 1).

Esa es la diferencia entre *recibir un manual* y realmente *hacer lo que dice que hagas*. No basta solo con *recibirla*, también tenemos que *guardarla* (v. 1).

Esa es la diferencia entre *olvidarla* y *memorizarla*.

No solo debes *guardarla*, también debes *hacer que tu oído esté atento* a ella (v. 2). Esa es la diferencia entre escucharla como *una sola voz entre muchas*, y escucharla como *la voz más importante* en nuestra vida.

No basta solo con *hacer que tu oído esté atento* a ella, también debemos *aplicarla* (v. 2).

Esa es la diferencia entre *escuchar* una voz y realmente *amar* la voz de alguien.

Debemos adquirir la sabiduría de Dios en nuestros corazones.

¿Pero cómo lo hacemos? Bueno, dos veces se nos dice que *clamemos* a ella. Hasta ahora ha sido la Sabiduría la que ha estado clamando en Proverbios. Ahora es el turno de alzar nuestra voz.

Esto es algo por lo que necesitas orar y pedir a Dios.
No es algo que sea natural para nosotros.
Es algo que está fuera de nosotros.
Para llevarla a nuestro corazón tendremos que ponernos de rodillas.

Dos veces se nos dice «si como a la plata la buscares» y «la escudriñares como a tesoros». En otras palabras, la sabiduría de Dios no tiene precio. En la coronación de la reina en el año 1953, se le entregó una Biblia y se le dijo: «Le presentamos este libro, lo más valioso que este mundo puede ofrecer». ¿Qué pasaría si te dijera que escondí mil millones de libras en tu vecindario? ¿Qué harías? Supongo que no descansarías hasta encontrarlos, ¿cierto? Bueno, para adquirir la sabiduría de Dios necesitamos buscarla como si fuera más valiosa que cualquier otra cosa. Adquirirla debe ser nuestro todo; debemos estar *completamente comprometidos*.

El problema es que vivimos en una cultura donde aplaudimos al perezoso. Felicitamos a quienes pueden obtener tanto como sea posible con el menor esfuerzo posible. Sin embargo, eso no se traslada a la vida cristiana. No la adquiriremos siendo perezosos. Solo la recibiremos *en nuestros corazones* cuando la busquemos de *todo corazón* (**Jer. 29:13**).

DETENTE

*Pregunta: En su pasado, Gary definitivamente habría encajado en esa cultura de holgazanería. ¿Qué aspecto crees que tendría **Proverbios 2:1-5** en la vida de Gary en el día a día?*

«Porque Jehová da la sabiduría, y de su boca viene el conocimiento y la inteligencia» (Prov. 2:6).

Ahora bien, aunque la sabiduría es algo que debemos *adquirir*, también es algo que *recibimos*. Todo conocimiento de Dios, o sabiduría para vivir, es un regalo dado por Dios.

No se gana.
   No se logra.
      No es algo que se deba presumir.
Podemos aceptar Sus palabras solo porque Él nos las ha dado.
      Podemos guardar Sus mandamientos solo porque Él nos los entrega.
         Podemos hacer que nuestro oído esté atento a la sabiduría solo porque Él nos ha dado Su sabiduría.

Por eso debemos pedirla en oración. Porque entendemos que debe venir de afuera. ¿Por qué Dios nos da Su sabiduría?

«Él provee de sana sabiduría a los rectos; es escudo a los que caminan rectamente. Es el que guarda las veredas del juicio, y preserva el camino de sus santos. Entonces entenderás justicia, juicio y equidad, y todo buen camino. Cuando la sabiduría entrare a tu corazón, y la ciencia fuere grata a tu alma, la discreción te guardará; te preservará la inteligencia, para librarte del mal camino, de los que hombres que hablan perversidades, que dejan los caminos derechos, para andar por sendas tenebrosas;

que se alegran haciendo el mal, que se huelgan en las perversidades del vicio; cuyas veredas son torcidas, y torcidos sus caminos. Serás librado de la mujer extraña, de la ajena que halaga con sus palabras, la cual abandona al compañero de su juventud, y se olvida del pacto de su Dios. Por lo cual su casa está inclinada a la muerte, y sus veredas hacia los muertos; todos los que a ella se lleguen, no volverán, ni seguirán otra vez los senderos de la vida. Así andarás por el camino de los buenos, y seguirás las veredas de los justos; porque los rectos habitarán la tierra, y los perfectos permanecerán en ella, mas los impíos serán cortados de la tierra, y los prevaricadores serán de ella desarraigados» (Prov. 2:7-22).

🅐 ILUSTRACIÓN

Si el patio de tu escuela era similar al mío, probablemente te involucraste en discusiones como ésta: «Mi papá es más grande que tu papá». «Sí, bueno, mi papá podría darle una paliza a tu papá». Y así sucesivamente durante el resto del receso. Todo esto revela que, incluso como niños, tenemos el instinto de pedir refuerzos cuando la vida se vuelve difícil.

La protección es necesaria cuando el peligro es una realidad. Y en Proverbios 2, Salomón está seguro de los peligros claros y presentes que enfrenta el hijo:

Hombres impíos que lo guiarán por un camino de oscuridad (**vv. 12-15**).

Una ramera que lo tentará a perderse en el deseo sexual (**vv. 16-19**).

Sin embargo, Salomón está igual de seguro de que, aunque el peligro es real, Dios defenderá, guardará y preservará las vidas de Su pueblo.

Él está de nuestro lado.
Él nos respalda.
Nuestro Padre celestial puede y vencerá a su papá.
Él nos guardará.

Lo que puede ser sorprendente es la manera en que nos guardará. Si dependiera de nosotros, la protección de Dios probablemente involucraría algún tipo de relámpago del cielo que golpee a nuestros enemigos, o ángeles-ninja que pateen la cabeza de Satanás cuando venga a tentarnos o algún increíble predicador estrella que aparezca para darnos un discurso motivacional cuando estamos a punto de ceder ante el pecado. El plan de Dios es diferente. Y mejor. Aunque sorprendente...

«Cuando la sabiduría entrare a tu corazón, y la ciencia fuere grata a tu alma, la discreción te guardará; te preservará la inteligencia» (Prov. 2:10-11).

No es solo que la sabiduría de Dios nos guarda. Es la sabiduría de Dios *en nosotros* la que nos guarda. No es *algo externo* a nosotros, *sino interno*. En otras palabras, el Señor nos protege de *adentro hacia afuera*.

ILUSTRACIÓN

Los padres de un adolescente descubren que ha destrozado su nuevo iPhone. Los padres ahorraron durante mucho tiempo y pagaron mucho dinero por ese teléfono. Ambos enfrentan la misma tentación. El papá estalla en un arrebato de ira, sujeta al chico por el cuello y le grita. La mamá le pregunta al hijo con calma y paciencia cómo fue que sucedió. Al enterarse de que fue un accidente, lo perdona. Misma situación. Misma tentación. ¿Respuestas diferentes? ¿Por qué? Se trata de un asunto del corazón.

El corazón es el problema:

Nuestro carácter,
nuestra prudencia (es decir, nuestra capacidad para
tomar buenas decisiones),
nuestra necedad.

El problema es que *somos necios, y despreciamos la sabiduría y la enseñanza.*

El mensaje de la Biblia *no* es simplemente que debemos intentar cambiar nuestro comportamiento, o que debemos intentar seguir las reglas. Imponer simplemente un comportamiento cristiano a alguien con un corazón como este, es como dar de comer nueces a una persona alérgica a los frutos secos. Solo hará que se enferme. El mensaje de la Biblia es que Dios no solo perdona y elimina nuestra culpa, vergüenza y pecado mediante la muerte de Jesús. No es solo que nos acredita un historial perfecto de obediencia a través de la vida de Jesús. Es que *Él nos da un nuevo corazón.*

Un corazón que no solo ama escuchar Su voz,
sino un corazón que también es capaz de obedecer
Su voz.

«Y les daré corazón para que me conozcan que yo soy Jehová; y me serán por pueblo, y yo les seré a ellos por Dios; porque se volverán a mí de todo su corazón» (Jer. 24:7).

Entonces, Dios nos protege y nos guarda, de adentro hacia afuera. Pone Su sabiduría *en nosotros*, para que **conocerlo** sea más placentero que nuestro pecado; la **prudencia** nos protegerá de tomar decisiones equivocadas; la **inteligencia** nos guardará de andar en el camino que conduce a la muerte.

La voz de Dios no solo permanece fuera de nosotros. No es como una voz que escuchamos con nuestros oídos.

Ella entra en nuestros corazones para convertirse en algo que nos habla desde lo más profundo.

Por esa razón, crecer como cristianos, madurar como cristianos es tan importante. Es la manera en que Dios nos guarda. *Dios nos guarda al hacernos más como Jesús.* De manera que, aunque cuando me convertí en cristiano y me topé con las personas de las que hablan los **versículos 12-15,** que se deleitan en la perversidad de sus malos caminos, probablemente los habría acompañado. Ahora, no obstante, como Dios me ha dado más conocimiento, prudencia e inteligencia, sé que no debo juntarme con ellos.

Su sabiduría en mí me salva.

Mientras que, cuando me convertí en cristiano y me topaba con la mujer de los **versículos 16-19,** ofreciéndome palabras seductoras y una invitación a su habitación, probablemente habría aceptado de inmediato; ahora, como Dios me ha dado más conocimiento, prudencia e inteligencia, sé que su casa conduce a la muerte.

Su sabiduría en mí me salva.

 GARY

> Hace algunos meses (no mucho después de convertirse en cristiano) si Gary se hubiera topado con uno de sus amigos en la calle, sabe que lo más probable es que eso hubiera implicado una invitación a su antiguo estilo de vida. Y probablemente hubiera aceptado la invitación. Pero cuando sucedió hoy (mismo amigo, misma calle), lo vio como una oportunidad para compartir el impacto que Jesús había tenido en su vida. ¿Qué ha cambiado?

Lo que ha cambiado es que Gary está siendo salvo de adentro hacia afuera. El Espíritu de Dios lo está transformando mientras ora a Dios por sabiduría para tomar las decisiones correctas y para que lo guarde de la tentación y el pecado. De igual forma, sabe que Dios lo respalda en

cualquier situación. Eso le da la confianza para vivir para
Jesús y dar buen testimonio ante el mundo que lo rodea.

VERSÍCULO PARA MEMORIZAR

«Cuando la sabiduría entrare a tu corazón, y la ciencia fuere grata a tu alma, la discreción te guardará; te
preservará la inteligencia» (Prov. 2:10-11).

RESUMEN

Gary, escucha, hijo mío. La protección es necesaria
cuando el peligro es una realidad. Aunque el peligro es
real, Dios te defenderá, guardará y preservará. Y Él te
protege de adentro hacia afuera mientras pone Su sabiduría en tu corazón y te hace más como Jesús.

¿CUÁL ES EL PUNTO?

La esencia del pecado es la confianza en nosotros mismos. Por lo tanto, la esencia de convertirnos y vivir como cristianos radica en dejar de hacer esto y comenzar a confiar en Dios.

CAPÍTULO 4

¿En quién puedo confiar?

RESUMEN

Todo cristiano necesita la sabiduría de Dios para vivir para Jesús en este mundo.

El camino que transitamos en la vida está lleno de trampas ocultas.

Dios nos respalda y nos protege si escuchamos y obedecemos Su voz.

GARY

La vida de Gary ha cambiado por completo. Todavía se reconoce en el espejo como el mismo hombre que era hace un año. Pero en lo que respecta a su vida, carácter, temperamento, lenguaje y relaciones, está irreconocible. Intenta seguir los caminos de Dios en todo lo que hace. No obstante, todos los días, en cada decisión, todavía hay voces que lo tientan a regresar a su pasada manera de vivir. Él sabe que confiar en su propia inteligencia ha dejado su vida en absoluto caos. No hay duda de eso. Pero era mucho más fácil en aquel entonces. Y eso es lo atractivo...

Partiendo de **Proverbios 3**, ahora consideraremos tres áreas en las que Gary siente el impulso de volver a ser el antiguo Gary:

Cómo usa su dinero.
Cómo responde a la disciplina.
Cómo trata a las personas que lo rodean.

Si leemos **Proverbios 3**, no podemos ignorar el hecho de que, si vivimos *sabiamente*, viviremos *bien*. *La sabiduría nunca llega sola a la fiesta.* Siempre trae a sus amigos. En Proverbios 3, la Sabiduría trae a:

> *Vida,*
> *Prosperidad,*
> *Favor,*
> *Bendición,*
> *Riquezas,*
> *Honor,*
> *Paz,*
> *Seguridad,*
> *Sueño,*
> *Confianza y*
> *Gracia.*

Eso es genial, ¿cierto? ¿*Pero* qué pasa si no hemos sido sabios? ¿Qué pasa si hemos sido un tanto necios?

Proverbios 3 también dice que nuestra necedad trae a sus amigos a la fiesta. Ellos son:

> *Muerte,*
> *Pobreza,*
> *Maldición,*
> *Guerra,*
> *Miedo y*
> *Vergüenza.*

Este es el problema que hemos observado a lo largo de Proverbios.

La sabiduría trae *vida*.

Pero nuestra necedad trae *muerte*.

«Ella es árbol de vida a los que de ella echan mano, y bienaventurados son los que la retienen» (Prov. 3:18).

Este es Salomón hablando nuevamente sobre la *Sabiduría*, y la describe como un «árbol de vida».

Ese árbol ha aparecido en la Biblia antes. Ese árbol estaba en el *huerto de Edén* donde vivían Adán y Eva (**Gén. 2:9**). Ese árbol era la *fuente de vida para Adán y Eva*, y podían comer de él cuantas veces quisieran. Pero, cuando se rebelaron contra Dios, fueron *expulsados* del Edén. Se les *prohibió* el acceso al árbol de la vida. Fueron *vetados*.

Habían recibido *órdenes de restricción* que no les permitían estar cerca de él. De hecho, Dios había colocado ángeles guardianes y una espada encendida para custodiar el camino al árbol de la vida (**Gén. 3:24**).

Es el problema de Proverbios 3 otra vez.

La obediencia trae *vida*: acceso al árbol de la vida *concedido*.

Pero nuestra desobediencia trae *muerte*: acceso al árbol de la vida *denegado*.

Hemos visto que Dios tiene una solución para resolver nuestro problema: *Dios envió a Su Hijo, Jesús, a morir para darnos acceso nuevamente al árbol de la vida*. Por esta razón, ese árbol no solo aparece al inicio de la Biblia en **Génesis 2:9**, sino que aparece de nuevo al final de la Biblia en **Apocalipsis 22:2**. En la nueva creación de Dios, para aquellos que confían en Jesús:

Se levantarán las prohibiciones.
Serán removidas las órdenes de restricción.
Los guardianes estarán desempleados.
Tendremos acceso al árbol de la vida una vez más. **Para siempre**.

¿Pero qué hacemos hasta entonces? Bueno, Salomón dice, que en Edén el camino a la vida era comer del árbol de la vida; en la nueva creación, el camino a la vida será comer del árbol de la vida; pero mientras tanto, el camino a la vida es escuchar *las palabras de la Sabiduría*.

Estaríamos equivocados si pensamos que tenemos que esperar hasta la nueva creación para disfrutar de ese jugoso fruto. Podemos hacerlo hoy simplemente abriendo nuestra Biblia.

«Fíate de Jehová de todo tu corazón, y no te apoyes en tu propia prudencia. Reconócelo en todos tus caminos, y él enderezará tus veredas» (Prov. 3:5-6).

Los cristianos aman estos versículos. Los citan todo el tiempo. Lo que a menudo no comprendemos es que estas palabras llegan directo al corazón de nuestra maldad. El corazón del pecado es que nosotros

> **no** confiamos en Dios,
> seguimos nuestra **propia** prudencia,
> **no** nos sometemos a Dios y
> transitamos nuestro **propio** camino hacia la muerte.

Somos como los hombres que son demasiado orgullosos para pedir a alguien indicaciones cuando están perdidos. Damos vueltas y vueltas en lugar de pedir ayuda a alguien. ¿Por qué? Porque no queremos parecer débiles o necios. Incluso cuando sí pedimos «consejos» a las personas, seguimos confiando en nosotros. Muchas veces ni siquiera estamos realmente buscando consejos. Simplemente buscamos que alguien nos diga exactamente lo que ya hemos decidido hacer. Y continuaremos preguntando a diferentes personas hasta dar con la respuesta que ya hemos decidido que queremos. Somos astutos, ¿cierto?

Las voces del mundo nos dicen: «cree en ti mismo», «si se siente bien, no puede estar mal», «sigue a tu corazón». Y así *confiamos* **en nosotros mismos, en nuestras opiniones, nuestra experiencia, nuestra sabiduría**. Hacemos las cosas a **nuestra manera**.

Sin embargo, la voz de Proverbios nos dice: «Escucha, hijo mío, eres un necio. No confíes en ti mismo. Confía en Dios». Por eso, estos versículos no solo llegan al corazón de nuestro pecado, sino que también llegan al corazón de lo que significa ser un cristiano.

Significa confesar y arrepentirnos de nuestra falta de confianza en Dios, y decirle a Dios que ya no nos apoyaremos más en nuestra propia prudencia. Significa confiar en Dios y en el evangelio de todo corazón, y someternos a Dios en toda nuestra manera de vivir. *Es todo o nada*. Estamos adentro o estamos afuera. *No podemos inclinarnos en dos direcciones al mismo tiempo*.

Alguien me dijo una vez que, si se convertía en cristiano, no creía que su vida cambiaría. Eso me indicó que no entendía nada sobre su pecado ni nada de lo que significa ser cristiano. Cuando dejamos de confiar en nuestra propia inteligencia, y empezamos a confiar en Dios, el factor decisivo **en cada decisión**, cada día de nuestras vidas, ya no depende de nosotros.

Ahora confiamos en Dios de todo corazón.
Ahora nos apoyamos en la inteligencia de Dios.
Ahora sometemos todos nuestros caminos a los caminos de Dios.
Ahora andamos en la senda que Dios quiere que andemos.

¡Todo ha cambiado!

«Honra a Jehová con tus bienes, y con las primicias de todos tus frutos; y serán llenos tus graneros con abundancia, y tus lagares rebosarán de mosto» (Prov. 3:9-10).

Esta es la *primera pregunta* que nos hace Proverbios 3: ¿Cómo usamos nuestro dinero?

¡A los cristianos les encanta tener algo de **Proverbios 3:5-6** en sus hogares! Lo pegan en tarjetas. Lo cuelgan en sus pasillos. Compran imanes. Algo que nunca he visto en un imán es **Proverbios 3:9-10**. ¿Por qué no?

Bueno, nos encanta la idea de una senda recta a lo largo de la vida. Pero estamos menos interesados en la idea de dar nuestro dinero. Sin embargo, Salomón dice que debemos «honrar» a Dios con nuestros bienes. «Honrar» conlleva la idea de costo o valor. Eso significa que el factor más importante en la manera en que un cristiano *obtiene* o *usa* su dinero, es si *agrada o desagrada a Dios*.

Probablemente, antes de ser cristianos, la mayor influencia en *la manera de adquirir* nuestro dinero era algo así:

> *Bueno, todos los demás están dañando el sistema de seguridad social, así que también tengo derecho a hacerlo.*
>
> *O, siempre y cuando no esté lastimando a nadie, no tengo problema de torcer un poco las reglas para sobrevivir.*
>
> *No hay nada de malo con tener algo de efectivo disponible. El fisco nunca lo notará.*

Probablemente, antes de ser cristianos, la mayor influencia *en la manera de gastar* nuestro dinero era algo así:

> *Necesito que otros me vean usando la ropa adecuada, con lo último de la moda.*
>
> *O, despilfarro dinero en busca de experiencias o fiestas por las noches.*

Proverbios dice que la influencia más poderosa tanto en la manera en que adquirimos dinero y la manera en que gastamos nuestro dinero *debería ser Dios*. Por eso habla de las «primicias». Eso significa lo primero y lo mejor, no solo dar a Dios nuestras sobras y migajas. No deberíamos tratar a Dios como un buitre que solo consigue los huesos de un cadáver una vez que los leones han tenido su parte. Él tiene preferencia. Es como una chica que conozco que, cuando se convirtió en cristiana, lo primero que hizo cuando recibió su siguiente salario fue dar el 10 % a su iglesia. Ella no compró lo que quiso y luego vio lo que sobró para darlo. *Dios fue primero*. Todo lo demás en su vida recibió las migajas.

Y no podemos usar la excusa de: «Dice honra a Dios con tus bienes, pero yo no soy rico, así que esto no se aplica a mí». En **Marcos 12:41-44**, leemos:

«Estando Jesús sentado delante del arca de la ofrenda, miraba cómo el pueblo echaba dinero en el arca; y muchos ricos echaban mucho. Y vino una viuda pobre, y echó dos blancas, o sea un cuadrante. Entonces llamando a sus discípulos, les dijo: De cierto os digo que esta viuda pobre echó **más** que todos los que han echado en el arca; porque todos han echado de lo que les sobraba; pero ésta, de su pobreza **echó todo** lo que tenía, todo su sustento».

Lo que importa no es el *acto*.

Ni la *cantidad*.

Sino la *actitud* del corazón.

GARY

Gary y su pareja son expertos en engañar al sistema de seguridad social. Conocen los distintos beneficios y saben exactamente la cantidad a la que tienen derecho. Aunque viven juntos, en lo que respecta al gobierno, cada uno vive en casas diferentes. ¿Por qué? ¡Para poder reclamar más dinero al departamento de viviendas! Gary haría absolutamente lo que fuera para ganar algo de dinero rápido. Es conocido por ser un usurero, que cobra altos intereses y envía a los pesos pesados si las personas no pagan. Y no perdería la oportunidad de hacer dinero, si algunas cosas adquiridas ilegalmente fueran a parar a sus manos.

DETENTE

Pregunta: ¿Cómo será para Gary «honrar a Dios con sus bienes» ahora que se ha convertido en cristiano?

Esta es la *segunda pregunta* que nos hace Proverbios 3: ¿Cómo respondemos a la disciplina?

«No menosprecies, hijo mío, el castigo de Jehová, ni te fatigues de su corrección, porque Jehová al que ama castiga, como el padre al hijo a quien quiere» (Prov. 3:11-12).

En estos versículos Salomón nos presenta dos verdades sumamente importantes:

> *Dios disciplina a Sus hijos.*
> *Dios disciplina a Sus hijos porque los **ama**.*

Para algunos de nosotros, la idea de que Dios disciplina a Sus hijos es bastante difícil de entender porque hemos tenido una mala experiencia con padres abusivos. No obstante, la perspectiva bíblica de la disciplina de Dios *no* consiste en un Dios airado y fuera de control que simplemente lastima o se desquita con Sus hijos. Más bien, la perspectiva bíblica de la disciplina de Dios consiste en una *cuidadosa*, *controlada* e *intencionada* formación de carácter, que **siempre viene de un corazón amoroso**.

La disciplina de Dios no es como un episodio de Tomy y Daly de los Simpson, donde Dios es como el ratón sádico que sueña con perturbadoras formas de destruir al gato indefenso. La disciplina de Dios es más parecida a la del Sr. Miyagi de *Karate Kid*, quien entrena a Daniel con esmero y paciencia. Aunque no lo entiende en ese momento, Daniel se da cuenta de que todas las tareas de pintar cercas y lavar autos del Sr. Miyagi lo prepararon para defenderse de sus oponentes.

> *Como el oro refinado en el fuego.*
> *O los diamantes creados bajo presión.*
> *O los músculos que crecen mediante la resistencia.*
> *O las plantas que florecen luego de la poda.*

Los cristianos son hechos sabios mediante la disciplina amorosa del Señor.

«Si soportáis la disciplina, Dios os trata como a hijos [...]. Es verdad que ninguna disciplina al presente parece ser causa de gozo, sino de tristeza; pero después da fruto apacible de justicia a los que en ella han sido ejercitados» (Heb. 12:7, 11).

Dios nos disciplina *porque nos ama*. Pedirle que *no* nos discipline, en realidad es pedir *menos* del amor de Dios, no *más*. Las dificultades de la vida son los momentos en que sentimos la tentación de despreciar a Dios, dejamos de confiar en Él, empezamos a apoyarnos en nuestra propia inteligencia e intentamos andar por nuestro propio camino para evitar las dificultades. Salomón nos advierte: *Escucha, hijo mío, no menosprecies Su disciplina*. Es señal de que te ama. Es el medio que utiliza para hacerte sabio.

GARY

El comportamiento del hijo adolescente de Gary está fuera de control. Está constantemente en problemas en la escuela. Es rebelde en casa, desobedece a Gary y dice cosas terribles a su madre. Esto está afectando a Gary, incrementando considerablemente su nivel de estrés y haciendo que él y su pareja discutan todo el tiempo. Antes de convertirse en cristiano, Gary habría reaccionado de la misma manera en que reaccionaba su papá cuando él cruzaba la línea cuando era niño, dándole una buena reprimenda.

DETENTE

Preguntas: ¿Cómo deberían afectar estos versículos sobre la disciplina del Señor la manera en que Gary disciplina a su hijo? ¿Cómo debería responder Gary a esta dificultad en su vida, sabiendo que el Señor disciplina a los que ama, y por lo que hemos leído en Hebreos 12?

🔑

«No te niegues a hacer el bien a quien es debido, cuando tuvieres poder para hacerlo. No digas a tu prójimo: Anda y vuelve, y mañana te daré, cuando tienes contigo que darle. No intentes mal contra tu prójimo que habita confiado junto a ti. No tengas pleito con nadie sin razón, si no te han hecho agravio. No envidies al hombre injusto, ni escojas ninguno de sus caminos» (Prov. 3:27-31).

Esta es la *tercera pregunta* que nos hace la *Sabiduría*: ¿Cómo tratamos a nuestro prójimo?

La manera en que tratamos a nuestro prójimo, según la Biblia, revelará una gran parte de cuánto amamos a Dios. Jesús dijo en **Marcos 12:29-31**: «El primer mandamiento de todos es: Oye, Israel; el Señor nuestro Dios, el Señor uno es. Y amarás al Señor tu Dios con todo tu corazón, y con toda tu alma, y con toda tu mente y con todas tus fuerzas. Y el segundo es semejante: Amarás a tu prójimo como a ti mismo. No hay otro mandamiento mayor que éstos». Jesús también explicó en **Lucas 10:25-37** que nuestro prójimo no es solo aquel que vive inmediatamente a nuestro lado, sino cualquiera que se cruce en nuestro camino y que esté en necesidad.

Existe una famosa novela australiana llamada *Neighbours* [Prójimos]. El tema musical dice algo así:

> «*Prójimos, todos necesitamos buenos prójimos*
> *Con un poco de inteligencia, puedes encontrar la combinación perfecta.*
> *Prójimos, deberían estar ahí el uno para el otro*
> *Así es como los buenos prójimos se convierten en buenos amigos*».

Todo eso está bien cuando nuestros prójimos son buenos, comprensivos y solidarios. ¡Caminar sabiamente sería fácil si todas las personas que se cruzan en nuestro camino fueran así! ¿Pero qué pasa cuando nuestros prójimos son una pesadilla, irracionales y provocadores? ¡Eso crearía un tema musical completamente diferente!

Necesitamos los mandamientos en **Proverbios 3:27-31** precisamente porque somos propensos a hacer estas cosas malas:

Mentirles a nuestros prójimos para conservar nuestra comodidad.
Conspirar contra nuestros prójimos para obtener venganza.
Envidiar a nuestros prójimos y su estilo de vida.

Salomón sabía que los más cercanos a nosotros serán aquellos con quienes resulte más difícil vivir. Pero también sabía que no podemos afirmar que amamos a Dios mientras odiamos a nuestro hermano o prójimo (**1 Jn. 2:9-11**). Esto es lo que necesitamos aprender:

La sabiduría quedará demostrada en comunidad.
La sabiduría será puesta en práctica cuando se nos pida amar al que es difícil amar.
La sabiduría será probada cuando seamos provocados por el pecado de otros.
La sabiduría será juzgada cuando seamos confrontados por las necesidades de alguien.
Nuestro amor por Dios quedará evidenciado en nuestro amor por nuestro prójimo, sea quien que sea, y haga lo que haga.

Gary nunca hubiera pensado que la *clave para una vida plena* **radicaría en no confiar en sí mismo**, en **dar** su dinero, **fomentar la disciplina** y **amar a quienes no le agradan**. Sin embargo, nunca pensó que todas las promesas y placeres de su antigua vida habrían hecho de su vida un desastre. Por esa razón, él, y nosotros, *tenemos* *que escuchar la voz de Dios para escuchar la sabiduría de Dios.* No es siempre lo que esperamos. Pero **siempre** es el camino a la vida.

Por ejemplo:

> *¿Quién hubiera pensado que Dios mostraría Su sabiduría en la insensatez de una cruz?*
> *¿Quién hubiera pensado que Dios mostraría Su fuerza en la debilidad de una cruz?*

«Porque la palabra de la cruz es locura a los que se pierden; pero a los que se salvan, esto es, a nosotros, es poder de Dios. [...] Cristo poder de Dios, y sabiduría de Dios. Porque lo insensato de Dios es más sabio que los hombres, y lo débil de Dios es más fuerte que los hombres» (1 Cor. 1:18,24-25).

Dios sabe lo que hace. Sus pensamientos no son nuestros pensamientos. Sus caminos no son nuestros caminos. Por tanto, *siempre* debemos escuchar Su voz.

VERSÍCULO PARA MEMORIZAR

«Ella es árbol de vida a los que de ella echan mano, y bienaventurados son los que la retienen» (Prov. 3:18).

RESUMEN

Gary, escucha, hijo mío. Si intentas y haces las cosas a tu manera y por tu cuenta no llegarás a ningún lado. Tienes que confiar en Dios con todo lo que eres y en todo lo que hagas. Y eso se verá claramente en la manera en que usas tu dinero, respondes a la disciplina y te relacionas con aquellos más cercanos a ti.

¿CUÁL ES EL PUNTO?

Todo lo que haces proviene de tu corazón, así que guárdalo por encima de todo.

CAPÍTULO 5

¿Qué es lo más importante?

«Sobre toda cosa guardada, guarda tu corazón; porque de él mana la vida» (Prov. 4:23).

ILUSTRACIÓN

Hace algunos años, mi suegro sufrió un infarto cardiaco por lo que requirió un cuádruple *bypass* coronario. Hasta que algo así sucede, no piensas mucho en tu corazón. Casi lo damos por hecho. Somos la generación de las *selfies*, que está obsesionada con la apariencia externa y la popularidad de una publicación en Instagram, pero pensamos muy poco en nuestro corazón. Lo cual es absurdo, porque todo lo que hacemos proviene de la sangre que nuestros corazones bombean por nuestro cuerpo.

Desde una perspectiva bíblica, el «corazón» no es solo un órgano de color rosa, que late en el centro de tu pecho. Cuando la Biblia habla de nuestro corazón, se refiere a nuestro ser interior, a nuestra personalidad interna, a la fuente de nuestro comportamiento, pensamientos y emociones. *El corazón es el núcleo de lo que somos como personas.*

Como enseña **Proverbios 4:23**: «De él mana la
vida». Nuestro corazón, lo que él ama, lo que exige, lo
que desea, lo que odia, está involucrado en todo lo que
hacemos. Sabemos esto. Por ejemplo, ¿por qué, cuando
compramos un atuendo nuevo, nos sentimos diferentes
cuando lo usamos por primera vez? Lo único que hace
la ropa es cubrir lo que necesita ser cubierto en aras de la
decencia pública (¡la mayoría de las veces!). *Sin embargo,
tomamos nuestra vestimenta y la convertimos en la fuente
de nuestra dignidad.* ¿Por qué, cuando tenemos un nuevo
corte de cabello, salimos de la peluquería con una mejor
actitud de la que teníamos cuando entramos? Después
de todo, un corte de cabello es solo mantenimiento,
como cortar el césped de nuestro jardín. *Pero lo tomamos y lo convertimos en la fuente de nuestra confianza.*

¿Qué sucede?

Nuestro corazón está involucrado en *todo* lo que
hacemos, desde nuestra ropa hasta nuestro peinado, en
todo. Por eso, Salomón escribió: «Sobre toda cosa guardada, guarda tu corazón». No solo porque todo lo que
hacemos proviene de él, sino porque:

> Nuestro corazón es lo que Dios **desea**: «ama-
> rás al Señor tu Dios con todo tu corazón...»
> (Mat. 22:37).
> Nuestro corazón es lo que Dios **ve**: «El hombre mira
> lo que está delante de sus ojos, pero Jehová
> mira el corazón» (1 Sam. 16:7).
> Nuestro corazón es lo que Dios **juzgará**: «El cual
> aclarará también lo oculto de las tinieblas, y
> manifestará las intenciones de los corazones»
> (1 Cor. 4:5).

Por tanto, debemos protegerlo como la seguridad de
un aeropuerto, analizando lo que **entra** y lo que **sale**.
Veamos cómo **Proverbios 4** ayuda a Gary a guardar su
corazón.

«Oíd, hijos, la enseñanza de un padre, y estad atentos, para que conozcáis cordura. Porque os doy buena
enseñanza; no desamparéis mi ley. Porque yo también
fui hijo de mi padre, delicado y único delante de mi
madre. Y él me enseñaba, y me decía: Retenga tu corazón mis razones, guarda mis mandamientos, y vivirás.
Adquiere sabiduría, adquiere inteligencia; no te olvides
ni te apartes de las razones de mi boca; no las dejes, y ella
te guardará; amala, y te conservará. Sabiduría ante todo;
adquiere sabiduría; y sobre todas tus posesiones adquiere
inteligencia. Engrandécela, y ella te engrandecerá; ella te
honrará, cuando tú la hayas abrazado. Adorno de gracia
dará a tu cabeza; corona de hermosura te entregará»
(Prov. 4:1-9).

Primero, pensemos en **adquirir sabiduría en nuestro
corazón**.

Proteger a tu corazón adquiriendo sabiduría suena
parecido a lo que vimos en el capítulo 3. Pero acostúm-
brate a escuchar las cosas una y otra vez en Proverbios.
Salomón sabe que:

> *La repetición es la clave para la educación.*
> *La repetición es la clave para la educación.*
> *La repetición es la clave para la educación.*

Estos versículos pueden presentarse como un hombre
que da órdenes con un rifle semiautomático y luego nos
apunta con él:

¡Presta atención! ¡Adquiere! ¡Recuerda! ¡No renuncies! ¡Continúa! ¡Adquiere! ¡Adquiere! ¡No lo olvides! ¡No renuncies! ¡Ama! ¡Adquiere! ¡Engrandece!
¡Abraza!

Salomón hace esto para hacernos ver que lo que dice
es *urgente* (quiere que hagamos algo) y *práctico* (nos
dice lo que quiere que hagamos). Nos da tres cosas que

el hijo debe **ser** si quiere adquirir sabiduría para guardar su corazón.

1. El hijo debe ser un estudiante: su corazón debe ser educado (vv. 1-5).

En estos versículos observamos muchas palabras como:

Enseñanza, cordura, razones, palabras, mandamientos, sabiduría.

Para adquirir sabiduría en nuestros corazones debemos empezar por aprender de la Palabra de Dios. Y para Salomón, esto es algo que debe suceder continuamente, no es algo que sucede una sola vez. *El día que dejamos de aprender es el día que dejamos de ser sabios.* Aprender a ser sabios no es como el trabajo de un pintor, que puede comenzar a pintar una habitación, salir a la cafetería local por una bebida y comida, y luego regresar al trabajo para continuar. Aprender a ser sabios es más parecido al trabajo de un hombre que está contratado para empujar una roca por una colina. Si se toma un descanso, cuando regrese encontrará que la roca está nuevamente al final de la colina.

Debemos perseverar en ello. Constantemente, persistentemente y siempre aprendiendo.

Y no pienses que solo porque éramos terribles en la escuela, y no obteníamos buenas calificaciones, no podemos aprender. En Proverbios, *no es una cuestión de inteligencia sino de decisión,* si lo quieres, *ven y consíguelo.*

2. El hijo debe ser amoroso: su corazón debe estar ganado (vv. 6,8).

Aquí el hijo debe pasar de aprender a amar, más allá del intelecto, a la intimidad. El lenguaje aquí es un poco pícaro. La sabiduría debe ser **amada, apreciada** y **abrazada**. Esta es una conversación íntima. Este es el lenguaje del amor. ¡Estas son la clase de cosas que diría Barry White! Aquí es donde quieres gritar: «¡Consigan una habitación!». Nos recuerda que *la sabiduría en Proverbios es siempre relacional*. Es **intimidad, cercanía**, con aquel que nos **protege, ve, guía** y **dirige**.

Guardar nuestro corazón significa acudir y conocer al que lo guardará por nosotros.

Es similar a las celebridades que contratan personal de seguridad. Para ellos, la seguridad consiste en no despegarse de la persona que los protegerá. Guardar nuestro corazón significa que amamos, apreciamos y abrazamos a Jesús como quien guardará nuestro corazón. Somos como ovejas que se mantienen cerca de Jesús, sabiendo que Él se llama a sí mismo la puerta que nos protege de los que solo quieren muerte y destrucción, y es el Pastor que da Su vida por las ovejas (**Juan 10:1-18**).

3. El hijo debe ser un inversionista: su corazón no debe estar dividido (v. 7).

Salomón sabía que, si el hijo debe guardar su corazón, esto implicará decisiones difíciles y sacrificios reales. Escucha, hijo mío: «El principio de la sabiduría es este: Adquiere sabiduría. Aunque te cueste todo lo que tienes, adquiere inteligencia». Podemos deducir con base en las decisiones que alguien toma lo que esa persona considera está *por encima de todo*.

Si consideramos la apariencia externa por encima de todo lo demás, sacrificaremos nuestra salud al dejar de comer para tener el cuerpo «perfecto».

Si consideramos nuestro placer por encima de todo lo demás, robaremos a nuestra propia madre o

*enseñaremos a nuestros hijos a robar para satisfacer
nuestro hábito de consumir drogas.*

*Si consideramos nuestro automóvil por encima de
todo lo demás, nos aprovecharemos de nuestros padres
al vivir en su casa hasta que tengamos treinta y cuatro para poder gastar todo nuestro dinero en nuestros
automóviles.*

Asimismo, podemos deducir, con base en las decisiones que alguien toma, si está guardando su corazón
por encima de todo.

*El tiempo que pasa leyendo la Biblia y orando.
Los días de descanso que pierde para llegar a la iglesia.
Los viejos amigos de los que se aleja para evitar malas
　　influencias.
La libertad a la que renuncia para ser responsable.
El alcohol del que se abstiene para ser fiel a Jesús.
La novia a la que deja para caminar en obediencia a
　　la Palabra de Dios.
La televisión que retiró de su habitación para eliminar
　　la tentación a altas horas de la noche.*

Es posible que cueste todo lo que tenemos. Pero escucha las palabras de Jesús en **Mateo 13:45-46**: «También
el reino de los cielos es semejante a un mercader que
busca buenas perlas, que habiendo hallado una perla
preciosa, fue y vendió todo lo que tenía, y la compró».

«Porque ¿qué aprovechará al hombre, si ganare todo
el mundo, y perdiere su alma?» (Mat. 16:26).

Vale la pena vender todo por la perla. No vale la pena
ganar el mundo y perder nuestra alma.

Por tanto, para adquirir sabiduría, el hijo debe ser un
estudiante, debe ser amoroso y debe ser un inversionista.

GARY

El problema de Gary es que nunca ha sido bueno para aprender. Simplemente le resulta difícil asimilar cosas. Entiende que debemos amar a Dios, ¿pero qué hay de amarme a mí mismo? Una vez, un trabajador social le dijo que solo tenía que amarse más. ¿No es mejor que se cuide primero y luego se preocupe por Dios? Y en ocasiones, ya sabes, siente que debería poner a su familia antes que a Dios y la iglesia. Es por eso que no va todas las semanas. Lleva a su hijo a jugar fútbol. ¿Entonces qué preferiría Dios que hiciera? ¿Asistir a un servicio dominical o ser un buen papá?

DETENTE

Pregunta: ¿Qué consejo tienes para Gary considerando lo que hemos aprendido hasta ahora en este capítulo?

Si la primera parte de guardar nuestro corazón consiste en adquirir sabiduría, entonces la segunda parte consiste en MANTENER FUERA LA MALDAD.

«Oye, hijo mío, y recibe mis razones, y se te multiplicarán años de vida. Por el camino de la sabiduría te he encaminado, y por veredas derechas te he hecho andar. Cuando anduvieres, no se estrecharán tus pasos, y si corrieres, no tropezarás. Retén el consejo, no lo dejes; guárdalo, porque es tu vida. No entres por la vereda de los impíos, ni vayas por el camino de los malos. Déjala, no pases por ella; apártate de ella, pasa. Porque no duermen ellos si no han hecho mal, y pierden el sueño si no han hecho caer a algunos. Porque comen pan de maldad, y beben vino de robos; mas la senda de los justos es como la luz de la aurora, que va en aumento hasta que el día es perfecto. El camino de los impíos es como la oscuridad; no saben en qué tropiezan» (Prov. 4:10-19).

Salomón vuelve a sacar las armas y nos llena de mandamientos urgentes y prácticos: ¡No entres! ¡Deja! ¡No pases! ¡Apártate! Para Salomón solo existen dos veredas en la vida:

El camino de la sabiduría en el **versículo 11**.
El camino de los malos en el **versículo 14**.

La mejor manera de guardar nuestro corazón es *mantenernos alejados del camino de los malos.*

La sabiduría a veces se expresa mejor al evitar.
La sabiduría a veces se demuestra al alejarnos.

Guardar nuestro corazón significa que:
hay lugares a los que no vamos,
libros que no leemos,
revistas que no compramos,
fantasías que nos rehusamos a complacer,
amigos con los que no salimos,
días festivos que no celebramos,
sitios web a los que no accedemos.

Podemos pensar que eso parece débil, cobarde o exagerado, pero para Salomón *es sabio.*

Sería imprudente para un alcohólico en recuperación deambular en un bar.
Sería imprudente para un drogadicto en recuperación pasear por un establecimiento de drogas.
Sería imprudente para un adicto al sexo en recuperación aventurarse a un burdel.

No solo debemos evitar el pecado, también debemos evitar las circunstancias que nos conducen a él. El que un alcohólico entre en un bar, y luego ore: «Dios, líbrame de la tentación», es como meter nuestro dedo en el fuego, ¡y luego orar para que no se queme!

La Biblia nos anima a ser precavidos. Debemos hacer todo lo posible por mantener la maldad fuera de nuestros corazones. Y a veces eso significa escapar como José en **Génesis 39:12**. Por esa razón, en el Nuevo Testamento se nos ordena una y otra vez que «huyamos» (**1 Cor. 6:18; 10:14; 1 Tim. 6:11; 2 Tim. 2:22**).

Llevamos nuestro corazón a donde quiera que van nuestros pies.
Nuestros corazones escuchan todo lo que nuestros oídos escuchan.
Nuestro corazón está expuesto a todo lo que nuestros ojos ven.

Por tanto, guardar nuestros corazones a menudo significa **no ir**, **no escuchar** y **no ver**. ¡Guárdalo!

«Bienaventurado el varón que no anduvo en consejo de malos, ni estuvo en camino de pecadores, ni en silla de escarnecedores se ha sentado...» (Sal. 1:1).

¿Notaste la desaceleración sutil de este hombre? Primero, *camina con ellos*, solo ve lo que hacen. Luego, *permanece de pie con ellos*, escucha lo que tienen que decir. De repente, *se ha sentado*, está en casa y cómodo con ellos.

Se *acercó* demasiado. Se *relajó* demasiado. Y ahora está demasiado cómodo como para salir. ¿La lección? ¡No entres! ¡Deja! ¡No pases! ¡Apártate!

GARY

¿Entonces estás diciendo que no puedo salir con mi familia y amigos? ¿No puedo ir al bar?

DETENTE

Pregunta: ¿Es eso lo que estamos diciendo? Si no es así, ¿cómo le ayudarías a decidir cuál sería una decisión sabia en estas circunstancias?

VERSÍCULO PARA MEMORIZAR

«Sobre toda cosa guardada, guarda tu corazón; porque de él mana la vida» (Prov. 4:23).

RESUMEN

Gary, escucha, hijo mío. Todo lo que haces proviene de tu corazón, así que, por encima de todo, guárdalo y haz todo lo posible por adquirir sabiduría, y todo lo posible por mantener fuera la maldad. Habrá algunas cosas que amar y estudiar, y otras de las cuales escapar.

¿CUÁL ES EL PUNTO?

La tentación es como una prostituta que te ofrece pasar un buen rato, pero termina matándote.

CAPÍTULO 6

¿Con quién estoy durmiendo?

GARY

Gary sabe lo que es ser infiel a su pareja. Lo ha hecho muchas veces en el pasado. Muchas veces han sido aventuras de una sola noche y, otras veces, se ha ido de su casa, pero nunca por más de seis meses a la vez. A pesar de que ahora es cristiano, todavía lucha con su pecado, y muchas de las mujeres con las que ha estado siguen en contacto con él a través de las redes sociales. Constantemente recibe invitaciones para reunirse con ellas en secreto. ¿Qué daño haría, cierto? Todo el mundo lo hace. Bueno, al menos todos sus amigos. ¿Qué debería hacer?

En algún punto de nuestras vidas, la mayoría de nosotros habrá experimentado una ruptura amorosa desastrosa. Pero, generalmente, el mayor desastre de todos ocurre cuando la ruptura se debe a que una de las personas en la relación engañó a la otra. Cuando eso sucede, la persona engañada se siente traicionada, lastimada y enojada, ya que las promesas se han roto y la confianza ha sido ultrajada.

En un matrimonio lo llamaríamos adulterio.

En Proverbios, ya Salomón nos presentó a la *Sabiduría*. Ella es una ilustración de la sabiduría de Dios. De hecho, es un adelanto de Jesús que, según señaló Pablo en **Colosenses 2:3**, es el único «en quien están escondidos todos los tesoros de la sabiduría y el conocimiento».

Si vamos a tener a otra mujer en nuestra vida, es mejor que nos aseguremos de que su nombre sea *Sabiduría*. Ella es a quien debemos escuchar. Y partiendo de Proverbios 5, ella es con quien debemos tener intimidad: *amar, apreciar, abrazar*. Y no se trata de una relación abierta. Debe ser exclusiva.

Pero la *Sabiduría* no es la única que susurra a nuestros oídos buscando llamar nuestra atención.

> *Hay otra voz.*
> *Hay otra mujer.*

Y en Proverbios 5 ella nos envía mensajes sensuales, intentando atraernos y seducirnos. Salomón utiliza esta ilustración para advertir a su hijo.

> La tentación de pecar es poderosa porque es **seductora**: *luce increíble*.
> Pero caer en pecado es grave porque es **adulterio**: *es como ser infiel*.
>> **El pecado** es como tener una aventura con otra mujer.
>> **El pecado** es adulterio contra Dios.

Es entregar nuestro tiempo, nuestra energía, nuestro amor y nuestras emociones a algo más en lugar de Dios. Salomón quiere que tomemos toda la experiencia y las emociones que hemos presenciado o sentido cuando alguien tiene una aventura, y las conectemos a nuestra relación con Dios cuando pecamos contra Él.

«Hijo mío, está atento a mi sabiduría, y a mi inteligencia inclina tu oído, para que guardes consejo, y tus labios conserven la ciencia. Porque los labios de la mujer extraña destilan miel, y su paladar es más blando que el aceite...» (Prov. 5:1-3).

Gary, al igual que todos nosotros, necesita cuidarse de la «mujer extraña» o adúltera.

Por lo general, cuando los hombres quieren describir a una mujer hermosa, comienzan por sus rasgos. Describen su cuerpo o sus ojos, o la manera en que habla y camina. Pero Salomón no. Él no le advirtió a su hijo a estar atento a una mujer bella y sensual. No nos indicó las medidas de su cuerpo, cómo está vestida o cómo huele. Ahí es donde la excitación se suele originar, ¿cierto?

En cambio, abordó directamente *lo que dice*. Se concentró en *sus palabras*. ¿Por qué? ¿Quién mide la belleza y la atracción de una mujer por lo que ella dice? Salomón sabía que el verdadero objetivo de toda seducción, tentación y pecado no es cautivar nuestros ojos, sino **capturar nuestros corazones**.

Siempre es una historia que nuestros corazones anhelan y creen. De manera que, al mirar a una mujer desnuda en la pantalla de nuestra computadora, le estamos contando a nuestro corazón una historia:

«Merezco esto por todo el trabajo duro que he hecho últimamente».

«Me estoy vengando *de mi esposa porque no me satisface*».

«Esto te ayudará a sanar tus sentimientos negativos sobre ti mismo».

«Con esto, puedes tener el control sin tener que ser vulnerable».

«Esta persona me acepta tal como soy, sin ser comparado con nadie más».

Siempre hay una historia que nuestros corazones anhelan.

Por esa razón, Salomón se concentró en las palabras que capturan nuestros corazones. Y enseñó que son palabras que «destilan miel» y que su paladar es «más blando que el aceite».

Son fáciles de digerir.
Son dulces.
Parecen inofensivas.

Pero *no todo es lo que parece.*

«... **Mas su fin** es amargo como el ajenjo, agudo como espada de dos filos. Sus pies descienden a la muerte; sus pasos conducen al Seol. Sus caminos son inestables; no los conocerás, si no considerares el camino de vida. Ahora pues, hijos, oídme, y no os apartéis de las razones de mi boca. Aleja de ella tu camino, y no te acerques a la puerta de su casa; para que no des a los extraños tu honor, y tus años al cruel; no sea que extraños se sacien de tu fuerza, y tus trabajos estén en casa del extraño; y gimas **al final**, cuando se consuma tu carne y tu cuerpo, y digas: ¡Cómo aborrecí el consejo, y mi corazón menospreció la reprensión; no oí la voz de los que me instruían, y a los que me enseñaban no incliné mi oído! Casi en todo mal he estado, en medio de la sociedad y de la congregación» (Prov. 5:4-14).

Normalmente, cuando alguien nos cuenta el final de una historia o de una película, la arruina y sentimos ganas de darle una bofetada. Pero aquí, Salomón estaba desesperado porque su hijo descubriera «su fin» (**v. 4**) y lo que pasaría «al final» (**v. 11**). Él escribió: «Escucha, hijo mío. Déjame adelantarte el final de la historia y contarte lo que sucede».

Supera la dulzura.
Ve más allá de la suavidad.

Observa a dónde te llevarán sus labios y sus palabras...

Al final la dulzura se convirtió en amargura.

Al final la suavidad se transformó en aspereza.

Lo que comienza como delicioso, *termina siendo repugnante.*

Lo que comienza como encantador, *termina siendo mortal.*

Puede que tenga labios dulces,
pero sus pies van directo a la muerte,
y sus pasos conducen a la tumba.

El poder de la tentación reside en esconderte este «final».

Necedad es vivir solo para el momento, y olvidar las consecuencias.

Al final de nuestra vida, si vivimos de esta manera, escuchando y amando la voz de la mujer adúltera, «gemiremos cuando se consuma nuestra carne y nuestro cuerpo». Salomón instruyó a su hijo:

«Escucha, hijo mío».

«Ve más allá del joven delirante y entusiasmado por la próxima sobredosis y noche de sexo, *observa al anciano decrépito que ha desperdiciado su vida y gastado su alma en cosas que le robaron todo».*

«Ve más allá de la breve satisfacción de la pornografía, y *observa a la mujer insatisfecha y llena de culpa, cuyas experiencias sexuales reales nunca han estado a la altura de la fantasía que le presenta el Internet».*

«Ve más allá del rostro sonriente del joven presionado por sus compañeros para fumar marihuana por primera vez, disfrutando ser uno de ellos, y *observa al anciano solitario, débil y desdentado cuya familia se avergüenza de él y cuyos hijos no quieren saber nada de él».*

Cuatro veces en los versículos 12-14, este hombre se condena a sí mismo, dejando escapar un gruñido de dolor y quebranto.

> **No está satisfecho**, *está acabado*.
> **No se está regocijando**, *está arruinado*.

Y así como Salomón *adelantó* la historia para que su hijo pudiera ver el final, le advirtió que no había manera de *retroceder*. Y le suplicó que no desperdiciara su vida viviendo por algo que nunca podría satisfacerlo.

La voz de esta mujer nos prometerá mucho, pero *no cumplirá nada*.
Nos prometerá plenitud, pero nos dejará *vacíos*.
Nos prometerá emoción, pero nos dejará sintiéndonos *culpables*.
Nos prometerá libertad, pero nos dejará *esclavizados*.
Nos prometerá amor, pero nos dejará sintiéndonos *solos*.
Nos prometerá vida, pero nos guiará hacia *la tumba*.

GARY

Desde que se convirtió en cristiano, Gary ha dejado de engañar a su pareja. En cambio, ha estado «mirando pornografía», confiesa con orgullo. En su mente eso no está mal. No está lastimando a nadie y no está siendo infiel.

DETENTE

Preguntas: ¿Qué le dirías a Gary al respecto? ¿Cómo podría Proverbios 5 ayudarle a analizar esto con mayor claridad?

«Porque los caminos del hombre están ante los ojos de Jehová, y él considera todas sus veredas. Prenderán al impío sus propias iniquidades, y retenido será con las cuerdas de su pecado. El morirá por falta de corrección, y errará por lo inmenso de su locura» (Prov. 5:21-23).

Gary necesita entender que, en el momento de la tentación, una de las primeras mentiras que creemos es que *nadie verá lo que estamos haciendo*. De hecho, a menudo, justo antes de pecar, lo último que pasa por nuestra mente es que *nos saldremos con la nuestra*. Al mirar nuestras vidas en retrospectiva, es probable que existan algunas cosas que hemos logrado ocultar a nuestras parejas e hijos o a nuestra familia. Algunos de nosotros intentamos vivir una doble vida para esconder alguna adicción, infidelidad o lo que sea.

En estas cosas, *la clandestinidad es nuestra mejor amiga* y *la exposición nuestra peor pesadilla*.

Los versículos anteriores nos recuerdan que podemos esconder algo de todos, tal vez incluso engañándonos a nosotros mismos, pero nunca podemos ocultarle algo a Dios.

> *Nuestros caminos están a plena vista delante de Él.*
> *Y Él no solo los ve.*
> *Los examina. Todos.*

Ⓐ ILUSTRACIÓN

Imagina que esperamos a que nuestro cónyuge salga de la casa e invitamos a alguien con la única intención de ser infieles. Llevamos a la persona a la habitación y cerramos la puerta. Ahora, como si eso no fuera lo suficientemente malo, imagina que hacemos lo mismo con nuestro cónyuge presente en la habitación, de pie, en una esquina, observándonos.

Eso es lo que pasa cuando pecamos. Podemos estar bien cuando lo hacemos a escondidas de seres queridos, pero **el Señor ve lo que hacemos todo el tiempo**.

Pecar es engañar a Dios con otra persona, ¡mientras Él está en la habitación!

Quizás no creemos que nuestro pecado sea tan malo. Quizás creemos que hemos vivido una buena vida, solo que no hemos pensado mucho en Dios hasta este momento. Bueno, incluso así, si esta es la relación para la que fuimos creados, entonces la ofensa de la ausencia es igual de grave que la ofensa del adulterio. ¡Imagina una relación donde una de las partes viviera su vida sin relacionarse o hablar con la otra persona! De cualquier manera, Dios tiene el derecho de sentirse igual de traicionado, herido y enojado como lo estaríamos nosotros al ser engañados o ignorados.

El día que escribí este capítulo, Muhammad Ali, el famoso boxeador, murió. Todos estaban hablando sobre él. Las redes sociales estaban repletas de tributos. Pero leí que un chico hizo un comentario interesante. Él dijo: «El mejor luchador de todos fue derribado por la lucha que tanto amaba».

Lo que él amaba acabó con su vida.

Una carrera en el boxeo, en la que constantemente recibía golpes en su sien, fue un factor determinante en su muerte. Se parece mucho a nuestro pecado. *Lo que más amamos es lo que nos quita la vida.*

 GARY

Gary ha estado involucrado en una relación individual de discipulado con un cristiano más maduro de su iglesia. Cada semana, Gary recibe muchas preguntas sobre su caminar con Jesús, incluyendo cómo está su lucha contra la lujuria y la pornografía. Durante los últimos meses, Gary ha estado mintiendo en su discipulado, diciendo que no ha sido tentado en esa área por un tiempo. La verdad es que, Gary ha vuelto a caer en un patrón recurrente de mirar pornografía cuando su pareja ya se ha acostado.

DETENTE

Pregunta: ¿Qué le dirías a Gary, tomando en cuenta Proverbios 5, para ayudarle a ser sincero con su compañero de rendición de cuentas?

Lo que resulta increíble de todo esto es, que

cuando amábamos nuestro pecado, este nos quitó la vida, pero cuando Dios tiene todo el derecho de quitarnos la vida a causa de nuestro pecado, Él todavía nos ama.

Incluso cuando nuestro adulterio está a plena vista, ¡Él nos ama!

Romanos 5:6-11 explica que cuando aún éramos *débiles*, Cristo murió por los impíos.

Pero no solo éramos *débiles*. Dice que cuando todavía éramos *pecadores*, Cristo murió por nosotros.

Pero no solo éramos *pecadores débiles*. Dice que cuando éramos sus *enemigos*, Dios nos salvó.

Incluso cuando era un enemigo de Dios, débil y pecador, *Él me amó y envió a Su Hijo a morir por mí*.

Aquí es donde comienza el verdadero cambio: al recordar que la voz de la tentación que me ofrece vida, *al final*, acabará con mi vida; y al recordar que la voz de la sabiduría me ofrece vida, *aun cuando* merezco muerte, comenzamos a amar más a Dios que a nuestro pecado.

VERSÍCULO PARA MEMORIZAR

«Porque los caminos del hombre están ante los ojos de Jehová, y él considera todas sus veredas» (Prov. 5:21).

RESUMEN

Gary, escucha, hijo mío. La tentación es una ramera que hará lo que sea para que te acuestes con ella. Se ve increíble, y dice todas las cosas correctas. Sin embargo, ten cuidado: promete vida, pero te llevará a la tumba.

¿CUÁL ES EL PUNTO?

Debido a que pecamos en cada área de nuestra vida, Dios nos da sabiduría para cada área de nuestra vida.

CAPÍTULO 7

¿Cómo puedo escapar?

RESUMEN

Todo cristiano necesita de la sabiduría de Dios para poder vivir para Jesús en este mundo.

El camino que transitamos está lleno de trampas ocultas.

Dios nos respalda y nos protege si escuchamos y obedecemos Su voz.

Debemos confiar en Dios y no en nuestra propia inteligencia si queremos sobrevivir en la vida.

Guarda tu corazón por encima de todo lo demás.

La tentación es como una prostituta que te promete pasar un buen rato, pero termina quitándote la vida.

¿Qué hiciste ayer?

Lo más probable es que se parezca bastante a lo que hiciste el día anterior, y al día anterior a ese, y al día anterior a ese. Existen algunos momentos importantes y emocionantes en la vida que resaltan: bodas, fiestas, bebés, finales deportivos... *Pero a menudo, la vida es solo una rutina normal, regular y cotidiana.*

De acuerdo a Salomón, ahí es exactamente donde se lleva a cabo la batalla entre las voces. Es allí donde realizarás la elección entre la voz de la *Sabiduría* y la mujer adúltera.

*En las rutinas normales, regulares y cotidianas de la
vida.*

*Necesitamos el evangelio en cada área de nues-
tra vida porque pecamos en cada área de
nuestra vida.*

En este fragmento de Proverbios, Salomón lleva a su
hijo a *tres áreas de la vida cotidiana*, en las cuales aplica la
voz de la sabiduría. Piensa en Salomón un poco como en
los fantasmas de la Navidad pasada, presente y futura
en *Una navidad con los Muppets*. Lleva a su hijo a varias
situaciones para ayudarle a aprender lecciones importantes que afectarán el rumbo de su vida. Puedes pensar en
estas tres cosas como el jefe con el que tienes que luchar
al final de un nivel en un videojuego como *Bebop y Rock-
steady* o *Donkey Kong* (¡búscalos en Google si no tienes
idea de lo que estoy hablando!). Los enemigos que el hijo
enfrentará en su día a día, de acuerdo con Proverbios,
son **el cazador**, **el bandido** y **el villano**.

EL CAZADOR: EL HIJO QUE ESTÁ ATRAPADO

«Hijo mío, si salieres fiador por tu amigo, si has
empeñado tu palabra a un extraño, te has enlazado
con las palabras de tu boca, y has quedado preso en los
dichos de tus labios. Haz esto ahora, hijo mío, y líbrate,
ya que has caído en la mano de tu prójimo; ve, humíllate,
y asegúrate de tu amigo. No des sueño a tus ojos, ni a tus
párpados adormecimiento; escápate como gacela de la
mano del cazador, y como ave de la mano del que arma
lazos» (Prov. 6:1-5).

El hijo de Salomón se encontraba atrapado como
un ave capturada. ¿Cómo? La situación parece ser la
siguiente:

*Uno de sus amigos necesitaba dinero, así que solicitó
un préstamo.*

*El prestamista quiere una garantía de seguridad sobre
  su dinero.*
*El hijo de Salomón accede a ser el aval que pagará si
  su amigo no puede.*

No sabemos por qué el hijo accede a hacerlo. Tal
vez solo estaba siendo amable. Quizás pensó que posi-
blemente era una manera de obtener alguna ganancia
rápida. No lo sabemos. Todo lo que sabemos es que el
deudor falló en sus pagos, así que el prestamista está a
la puerta del hijo esperando su dinero, y amenazando
con enviar a los pesos pesados si no entrega el dinero.
Se encuentra **atrapado**.

Salomón está desesperado por que su hijo adquiera
algo de sabiduría financiera. Escucha, hijo mío:

Puedes ser generoso y, sin embargo, ser imprudente.
Puedes ser amable y, sin embargo, ser embaucado.
*Puedes intentar ayudar y, sin embargo, terminar lasti-
  mándote a ti mismo y a la persona que intentabas
  ayudar.*

El dinero puede ser un gran siervo cuando eres sabio
con él,

pero es un amo terrible si eres imprudente con él.

¿Cuántos de nosotros hemos tomado un préstamo
impulsivo para obtener algo que realmente queríamos,
y luego vivimos atrapados por las tasas de interés ridí-
culamente altas? **Estábamos tan obsesionados con el
dinero que no vimos los intereses.**

¿Cuántos de nosotros hemos gastado más de la cuenta
en los regalos de Navidad de nuestros hijos, queriendo
estar al día con lo que nuestros amigos compran a sus
hijos, solo para quedar atrapados por los pagos seis meses

después? **Y la ironía es que nuestros hijos ni siquiera nos agradecen porque piensan que fue *Santa Claus*.**

La mujer adúltera hará que nos enfoquemos en la televisión más grande que podemos obtener **ahora**, o en las vacaciones que podemos disfrutar **ahora**, o en el perro que podemos comprar **ahora**, o en la popularidad que podríamos tener **ahora**. Y nos impedirá ver *la deuda que vendrá después*.

Ya sea gastando o ahorrando, prestando o tomando, las preguntas que debemos hacernos son:

> *Es esto: ¿sabio o insensato?,*
> *¿prudente o impulsivo?,*
> *¿generoso o egoísta?,*
> *¿evidencia de que sirvo a Dios o evidencia de que el dinero es mi amo?,*
> *¿beneficioso para la persona que lo recibe o solo hará que continúe con un estilo de vida que no puede costear?*

No está diciendo que no seas generoso. Solo está diciendo que seas sabio al respecto. No te apresures para luego quedar atrapado e incapacitado para volver a ser generoso. Y no te apresures para luego quedar marcado por una mala experiencia que acabará con tu voluntad de ser dadivoso otra vez.

Sé sabio.

Y si el hijo ha estado siendo imprudente, Salomón aconseja: «Líbrate... ve, humíllate. No des sueño a tus ojos, ni a tus párpados adormecimiento».

Recomienda una acción enérgica, costosa y urgente para salir de esta trampa.

Si nuestra antigua vida nos ha dejado atrapados con problemas de dinero, deberíamos hacer todo lo que podamos **en este momento** para librarnos de ellos. **No los ignores** e intentes huir de ellos.

Sé sabio.

Deberíamos conseguir toda la ayuda posible de nuestra iglesia o de un cristiano maduro. Y trabajar en pro de nuestra libertad.

GARY

Gary siempre ha considerado ser bastante hábil con su dinero. Él y la familia siempre han vivido precariamente, pero siempre se las han «arreglado». Cuando las cosas han estado apretadas o cuando se acerca el cumpleaños de su hijo, siempre ha conseguido lograr un trato o un préstamo de algún amigo. Desde que se convirtió en cristiano, su mentor en la iglesia lo ha ayudado a establecer un presupuesto mensual para ayudarle a organizar su dinero. Pero esta semana su automóvil se averió y hay una fuerte factura que pagar, que no está ni cerca de estar en su presupuesto. Ha visto un anuncio publicitario sobre un préstamo rápido en televisión. Decía algo sobre el interés, pero aun sin comprender lo que significa, está pensando en tomarlo.

DETENTE

Pregunta: Si fueras su mentor, ¿qué consejo le darías a Gary después de leer Proverbios 6:1-5?

EL BANDIDO: EL PEREZOSO QUE DUERME

«Ve a la hormiga, oh perezoso, mira sus caminos, y sé sabio; la cual no teniendo capitán, ni gobernador, ni señor, prepara en el verano su comida, y recoge en el tiempo de la siega su mantenimiento. Perezoso, ¿hasta cuándo has de dormir? ¿Cuándo te levantarás de tu sueño? Un poco de sueño, un poco de dormitar, y cruzar por un poco las manos para reposo; así vendrá tu necesidad como caminante, y tu pobreza como hombre armado» (Prov. 6:6-11).

Conoce al perezoso.

Es un vagabundo, holgazán, bueno para nada.

Es la persona que, en **Proverbios 26:15**, «mete su mano en el plato; se cansa de llevarla a su boca». Si alguien es tan holgazán como para meter un tenedor en un tazón de papas, y luego no llevarlo a su boca, ¡definitivamente tiene problemas!

El problema es que, *en nuestra cultura el perezoso es llamado un héroe o un modelo a seguir* que debe ser admirado e imitado. **El trabajo duro es como una enfermedad contagiosa que debe evitarse a toda costa.** Y nuestros sillones son como máquinas de respiración asistida de las que nunca queremos alejarnos.

Salomón coloca al perezoso junto a la hormiga, y hace una comparación brutal.

La hormiga no tiene capitán, *pero tú tienes la voz de la sabiduría.*

La hormiga no tiene supervisor, *pero tú tienes al Señor, que examina todos tus caminos.*

La hormiga no tiene gobernador, *pero tú tienes a un Dios, a quién tendrás que rendir cuentas de tu vida.*

En los tiempos de Salomón, si no trabajabas, no comías. Así que, si eras demasiado holgazán para trabajar, no ibas a parar cómodamente en el sistema de seguridad social del gobierno. Si no trabajabas, morías de hambre. Pero el perezoso es tan tonto que no se da cuenta de que su sillón es como una trampa mortal. En el Nuevo Testamento, la holgazanería no solo es físicamente imprudente, es espiritualmente perversa.

Jesús es completamente claro al respecto:

Nunca nadie ha sido perezoso y fiel a Dios (Mat. 25:26).

Pablo es completamente claro al respecto:

La holgazanería niega el evangelio: Dios te salvó por gracia y ahora tiene buenas obras preparadas para que las hagas (**Ef. 2:8-10**).
La holgazanería aleja a los inconversos, mientras que el trabajo duro ganará el respeto de los que no pertenecen a la Iglesia (**1 Tes. 4:11-12**).
La holgazanería es una carga para la Iglesia (**2 Tes. 3:7-10**).
La holgazanería implica que no puedes ayudar a los que están en necesidad (**Ef. 4:28**).

Si tú eres así, Salomón te pregunta: «¿hasta cuándo has de dormir? ¿Cuándo te levantarás de tu sueño?». Ya ha pasado demasiado tiempo. Hoy necesitas escuchar la voz de Dios que dice: «¡Despierta! ¡Levántate! ¡Deja de ser un necio! Es tiempo de comenzar a ser un siervo de Jesús bueno y fiel» (*comp.* **Mat. 25:21,23**).

GARY

Gary ha logrado muchas cosas en su vida. Ha conquistado reinos. Ha ganado campeonatos mundiales. Ha derrotado a villanos. Ha construido imperios en todo el mundo. Ha derrocado a los traficantes de drogas. Incluso ha estado en el espacio. Sin embargo, todo esto ha sido en un mundo ficticio en su consola de videojuegos. Está orgulloso de sus logros, pero en la fría luz del día, en la vida real todo lo que ha hecho es sentarse en una silla y girar sus pulgares durante días y semanas. En el mundo real, es verdaderamente perezoso. Puede dar la impresión de que está trabajando duro, pero solo si alguien lo está observando.

EL VILLANO: EL CANALLA QUE ALBOROTA

«El hombre malo, el hombre depravado, es el que anda con perversidad de boca; que guiña los ojos, que habla con los pies, que hace señas con los dedos. Perversidades hay en su corazón; anda pensando el mal en todo tiempo; siembra las discordias. Por tanto, su calamidad vendrá de repente; súbitamente será quebrantado, y no habrá remedio. Seis cosas aborrece Jehová, y aun siete abomina su alma: Los ojos altivos, la lengua mentirosa, las manos derramadoras de sangre inocente, el corazón que maquina pensamientos inicuos, los pies presurosos para correr al mal, el testigo falso que habla mentiras, y el que siembra discordia entre hermanos» (Prov. 6:12-19).

Salomón pasa de la ociosidad pecaminosa en el perezoso a la *ocupación pecaminosa en el canalla.*

Esta es una persona que, de

> *arriba a abajo,*
> > *de adentro hacia afuera,*
> > > *desde su relación con Dios, hasta su relación con la comunidad,*
> **no es más que problemas**.

Cuando Salomón describe a esta persona, lo que nos asombra es que todo parece *tan normal.* Todo es tan similar a mí. Regresamos a donde empezamos cuando hablamos sobre las rutinas normales, regulares y cotidianas de la vida. *Negocios dudosos; pensar lo peor de las personas; conspirar en contra de la gente; provocar a otros; tener un concepto más alto de nosotros del que deberíamos tener; decir mentiras; lastimar a los demás; promover conflictos.*

Sé que ya he hecho la mayoría de esas cosas *hoy*.

Y sí, estas cosas son las que se nos dice que Dios *aborrece* y *abomina*. Por tanto, si sigues la lógica, si estas cosas son las que Dios aborrece, y si estas cosas son mis cosas, entonces debido a mi pecado **soy objeto del odio de Dios**.

¡Ay!

Ahora bien, antes de continuar con una corriente de pensamiento que dice: «Si Dios es un Dios de odio, entonces no quiero tener nada que ver con Él. El Dios en el que me gusta pensar es un Dios de amor...». Piénsalo. Dios tiene todo el derecho de odiar a quienes pecan. Es por causa de nuestro pecado que Jesús, el Hijo de Dios, tuvo que morir.

Si mi hijo estuviera en el otro extremo, si mi hijo fuera víctima de la conspiración, de la provocación deliberada, de las mentiras y del terrible dolor causado por otros, y se viera envuelto en medio del conflicto, ¿cómo esperarías que reaccionara? Si no me conmoviera, y actuara de manera pasiva, sin importarme que mi hijo fuera objeto de ataques y abusos, ¿dirías que soy un padre amoroso?

No.

Esperarías que estuviera lleno de rabia. Esperarías que quisiera proteger a mi hijo. Esperarías que quisiera justicia. Esperarías que quisiera acabar con el mal comportamiento.

Dios es un Dios de amor. Pero también es un **Dios de justicia**, que se preocupa profundamente cuando Su pueblo se ve perjudicado por las acciones y el pecado de otros. *Es algo bueno* que **Dios aborrezca y abomine la mentira**. Es algo bueno que **Dios aborrezca y abomine a los que matan gente inocente**.

Queremos un Dios que esté en contra de este tipo de cosas.

Queremos un Dios que destruya todo mal y perversidad.

El problema es que también es un **Dios que está en nuestra contra.**

El problema es que es un **Dios que con justa razón puede deshacerse de nosotros**.

La buena noticia de la Biblia es que, aunque nosotros **deberíamos** ser el objeto de la ira de Dios, y **deberíamos** ser destruidos, Dios nos mira con *gracia inmerecida* como el objeto de Su **misericordia**. *Dios envió a Jesús para convertirse en el objeto del odio de Dios, quien en la cruz fue destruido en nuestro lugar*. Jesús entra en el día del desastre para sufrir el infierno, a fin de que nosotros podamos entrar, en gozo, en la nueva creación de Dios.

Esta es la historia que necesitamos escuchar.

Esta es la voz que necesitamos escuchar.

De manera que, al ver claramente el sorprendente y costoso amor de Dios, lo amemos tanto que no queramos estar ocupados haciendo las cosas que Él odia, sino ocupados haciendo las cosas que lo hacen sonreír.

VERSÍCULO PARA MEMORIZAR

«Seis cosas aborrece Jehová, y aun siente abomina su alma: Los ojos altivos, la lengua mentirosa, las manos derramadoras de sangre inocente, el corazón que maquina pensamientos inicuos, los pies presurosos para correr al mal, el testigo falso que habla mentiras, y el que siembra discordia entre hermanos» (Prov. 6:16-19).

RESUMEN

Gary, escucha, hijo mío. La vida a veces es monótona y aburrida. Tu vida estará compuesta de lo normal, regular y cotidiano. Pero ahí es exactamente donde tendrás que escoger entre la sabiduría y la insensatez. Necesitarás la sabiduría de Dios en cada área de tu vida porque sentirás la tentación de pecar en cada área de tu vida.

¿CUÁL ES EL PUNTO?

Tenemos que aprender a decir «no» al pecado una y otra vez, y continuar aprendiendo sobre los peligros del pecado, una y otra vez.

CAPÍTULO 8

¿Qué pasa si he sido un necio... de nuevo?

GARY

Gary se siente desanimado otra vez. Siente que está triunfando en un área de su vida cuando se trata de la tentación, y luego aparece algo más. Entonces, de la nada, un pecado que pensó había vencido regresa de nuevo. ¿Qué sucede? Su cabeza da vueltas.

Lee **Proverbios 6:20–7:27**; se parece a la película *Hechizo del tiempo*. Inmediatamente nos da la impresión de estar atrapados en un bucle temporal, dando vueltas y vueltas, repitiendo lo mismo una y otra vez. Porque nuevamente estamos escuchando la voz de la mujer adúltera.

No olvides lo que leímos anteriormente en el libro:

La repetición es la clave para la educación.
La repetición es la clave para la educación.
La repetición es la clave para la educación.

Es un recordatorio para Gary, y para todos nosotros, de que *la lucha por permanecer en el camino de la sabiduría es una lucha que debe librarse todos los días.* La mujer adúltera es una vieja yegua obstinada que **seguirá regresando**. Decir «no» una vez no es suficiente. *Necesitamos estar preparados para decir «no» a la voz de la tentación varias veces cada día.*

Quizás hemos leído Proverbios unas cuantas veces.

Quizás le hemos prometido a Dios no pecar de nuevo.

Pero es más que probable que volvamos a caer en viejos patrones pecaminosos si hemos apartado nuestra mirada del Señor, aunque sea solo por un momento. Por eso, Salomón dice: «Vayamos de nuevo...».

Salomón sabe que la sabiduría será como una luz para su hijo, que lo guiará por un camino seguro. Salomón sabe que, al igual que no puedes recoger fuego con tu mano sin quemarte, no puedes andar en el camino de la insensatez sin caer en el pecado. Así que sienta a su hijo en la ventana de su casa, y le cuenta una historia.

Es una historia sobre un necio.

Quiere que su hijo aprenda de los errores del necio desde la seguridad de su ventana, para que no cometa los mismos errores. Su hijo no es un necio.

Al menos no *por ahora*.

Y Salomón le cuenta esta historia para impedir que se convierta en uno.

«Porque mirando yo por la ventana de mi casa, por mi celosía, vi entre los simples, consideré entre los jóvenes, a un joven falto de entendimiento, el cual pasaba por la calle, junto a la esquina, e iba camino a la casa de ella, a la tarde del día, cuando ya oscurecía, en la oscuridad y tinieblas de la noche. Cuando he aquí, una mujer le sale al encuentro, con atavío de ramera y astuta de corazón. Alborotadora y rencillosa, sus pies no pueden estar en casa; unas veces está en la calle, otras veces en las plazas, acechando por todas las esquinas. Se asió de él, y le besó. Con semblante descarado le dijo: Sacrificios de paz había prometido, hoy he pagado mis votos; por tanto, he salido a encontrarte, buscando diligentemente tu rostro, y te he hallado. He adornado mi cama con colchas recamadas con cordoncillo de Egipto; he perfumado mi cámara con mirra, áloes y canela. Ven, embriaguémonos de amores hasta la mañana; alegrémonos en amores. Porque el marido no está en casa; se ha ido a un largo viaje. La bolsa de dinero llevó en su mano; el día señalado volverá a su casa. Lo rindió con la suavidad de sus muchas palabras, le obligó con la zalamería de sus labios. Al punto se marchó tras ella, como va el buey al degolladero, y como el necio a las prisiones para ser castigado; como el ave que se apresura a la red, y no sabe que es contra su vida, hasta que la saeta traspasa su corazón. Ahora pues, hijos oídme, y estad atentos a las razones de mi boca. No se aparte tu corazón a sus caminos; no yerres en sus veredas. Porque a muchos ha hecho caer heridos, y aun los más fuertes han sido muertos por ella. Camino al Seol es su casa, que conduce a las cámaras de la muerte» (Prov. 7:6-27).

Imagina que esta historia se tratase de un evento deportivo, y tú fueras el experto de televisión en el estudio después del juego, encargado de seleccionar las partes más importantes y señalar dónde este joven cometió errores y dónde la mujer adúltera fue astuta en su ataque.

Veamos primero al joven...

«FALTO DE ENTENDIMIENTO»

El **versículo 7** lo describe como «un joven falto de entendimiento». Una y otra vez, Proverbios nos ha dicho que debemos **adquirir sabiduría, adquirir sabiduría, adquirir sabiduría**. Se nos ordena estar alertas. Este joven no lo ha hecho. Era simple y falto de entendimiento. *La vida es demasiado peligrosa como para carecer de entendimiento.* Andar por la vida sin entendimiento es como deambular en un campo de batalla completamente desarmado y sin tu armadura. ¡La tierra de nadie no es un lugar para pasear!

«JUNTO O CERCANO»

El **versículo 8** señala que él «pasaba por la calle, junto a la esquina». El reiterado mandamiento de Salomón ha sido **huir del pecado**, *no coquetear* con él. Pero este joven, falto de entendimiento, *pasa junto* al territorio de la mujer adúltera. La tentación es como un imán. Mientras más te acercas, más difícil será alejarte. Estar *cerca* es ser ingenuos.

«TARDE»

El **versículo 9** enfatiza tres veces la hora del día en la cual él «iba camino a la casa de ella, a la tarde del día, cuando ya oscurecía, en la oscuridad y tinieblas de la noche».

Tomando en cuenta eso, es cierto que a menudo nuestros peores momentos suceden en la oscuridad. Por eso, los clubes nocturnos funcionan de noche. Por eso, los negocios de drogas se dan en la noche. Por eso, las personas se acuestan en sus camas por la noche, tramando una venganza o complaciendo fantasías sexuales.

Necesitamos estar especialmente alertas contra la tentación de pecar durante la noche.

Pero también es una ilustración. La oscuridad en la Biblia a menudo es una imagen que representa peligro o una conducta pecaminosa (**1 Tes. 5:4-11**). Este joven avanza felizmente al inframundo que se rebela contra el Dios de luz, suponiendo erróneamente que la cubierta de la oscuridad esconde su pecado de la vista de Dios.

En este punto, podríamos agregar que no solo es falto de entendimiento, está en el lugar equivocado, en el momento equivocado, sino que también está solo. Se encuentra aislado. Eso siempre es peligroso e insensato cuando se intenta luchar contra el pecado. La soledad y las relaciones superficiales son aliadas de Satanás en la tentación.

La comunidad y las relaciones profundas son grandes armas contra las artimañas de Satanás.

GARY

Para Gary la batalla contra el pecado es más difícil por las noches. Pareciera que todos sus amigos cristianos se van a la cama justo cuando sus amigos no cristianos están a punto de salir y pasarla bien. Es el momento en que se siente fuertemente atraído a regresar a su antiguo estilo de vida. Es el momento en que recibe muchos mensajes de sus amigos invitándolo a tomar una ronda de cervezas.

DETENTE

Pregunta: ¿Qué puede aprender Gary de la historia de este joven que le ayude a tomar decisiones sabias?

En este punto, pasemos a examinar las tácticas ofensivas de la mujer adúltera...

En el **versículo 10**, ella sale a su encuentro. **Santiago 4:7** dice que, *si resistes al diablo, él huirá de ti*. Pero esto nos demuestra que, *si damos un paso en su dirección*, él dará diez pasos hacia nosotros. Esta mujer no se le aparece tímida y callada. No se hace la difícil. De inmediato asalta y abruma cada uno de sus sentidos:

> **Ella emociona** *sus ojos con lo que viste* (v. 10).
> **Ella lo intoxica** *con su toque* (v. 13).
> **Ella complace** *su gusto ofreciéndole comida* (v. 14).
> **Ella domina** *sus oídos con sus palabras* (vv. 14-21).
> **Ella estimula** *su sentido del olfato* (v. 17).

Ella embiste todos sus sentidos para capturar su corazón.
Pero observa con atención sus palabras. Ella dice: «El marido no está en casa; se ha ido a un largo viaje. La bolsa de dinero llevó en su mano; el día señalado volverá a su casa». *Lo rindió con la suavidad de sus muchas palabras, le obligó con la zalamería de sus labios.*

Ella ni siquiera intenta convencerlo de que está bien, *solo de que se saldrán con la suya.*

Ahora, regresemos con el joven e identifiquemos sus últimos dos errores...

ESCUCHA SILENCIOSAMENTE

Si leemos toda la historia, notaremos que en ningún momento el hijo dice una palabra. Ni siquiera una.

> *Es completamente pasivo.*
> *No le pide que lo deje en paz.*
> *No le dice que se calle.*
> *No cuestiona sus palabras.*
> *No combate sus mentiras con la verdad.*
> *No desafía su insensatez con sabiduría.*

En cambio, al igual que un pez crédulo y necio, muerde la carnada completamente consciente de que esconde un gran anzuelo.

Escuché un viejo dicho en algún lugar que decía: «No puedes evitar que un pájaro vuele sobre tu cabeza, pero puedes evitar que haga un nido en tu cabellera». Aplicándolo a esto: no siempre podemos impedir que la tentación vuele sobre nuestra cabeza, pero podemos actuar para asegurarnos de que no haga un nido en nuestro corazón.

El silencio del joven enseña al hijo de Salomón que no debe permanecer callado en la lucha contra el pecado.

> *Cuando mienta, **refuta con la verdad de Dios**.*
> *Cuando la escuches, **ora y pídele a Dios** que te ayude.*
> *Cuando sea ruidosa, **recita la Escritura** aún más alto.*
> *Cuando parezca demasiado tentadora, conforta a tu alma y **recuerda** su final mortal.*
> *Cuando tengas ganas de rendirte, **recuerda** el evangelio.*

GARY

Uno de los primeros versículos que el pastor de Gary le dio fue el **Salmo 119:9-11**: «¿Con qué limpiará el joven su camino? Con guardar tu palabra. Con todo mi corazón te he buscado; no me dejes desviarme de tus mandamientos. En mi corazón he guardado tus dichos para no pecar contra ti».

DETENTE

Pregunta: ¿Cómo explica este versículo la manera en que Gary debería responder cuando la voz de la tentación resuene fuerte en sus oídos?

SEGUIMIENTO MORTAL

Esta historia no tiene un «y vivieron felices por siempre». Cada uno de los sentidos de su hijo es seducido. Y cada uno de sus sentidos comienza a adorarla. Pero en los versículos **22-23** leemos: «Al punto se marchó tras ella, como va el buey al degolladero, y como el necio a las prisiones para ser castigado; como el ave que se apresura a la red, y no sabe que es contra su vida, hasta que la saeta traspasa su corazón».

Lamentablemente es simple: él la sigue;

ella lo mata.

Ahora bien, recuerda lo que ella le prometió: comida en la mesa; hermosas sábanas egipcias sobre la cama; maravillosos olores de mirra, áloes y canela; sexo toda la noche. ¿Qué crees que encontró cuando la siguió a casa? Esto es lo que yo pienso:

Nada de comida, ni sábanas elegantes, ni olores hermosos, ni siquiera sexo.

¿Por qué?

La tentación nunca brinda lo que promete.
Siempre miente.
Nunca se presenta con su verdadero fin a la vista.

¿Qué encuentra en su lugar? Los **versículos 26-27** nos dicen: «Porque a muchos ha hecho caer heridos, y aun los más fuertes han sido muertos por ella. Camino al Seol es su casa, que conduce a las cámaras de la muerte».

«Escucha, hijo mío. Su habitación es un cementerio. Está repleta de los cadáveres de sus muchas víctimas».

Salomón está desesperado por que su hijo aprenda de los errores de este hombre. Está desesperado por que vea que las pequeñas decisiones, las elecciones aparentemente triviales, hechas en el patrón de un día bastante común, como caminar por la calle, pueden tener un gran efecto en el rumbo nuestra vida.

Quiere que su hijo entienda que, por un lado, tenemos un enemigo que vendrá a atacarnos, pero, por otro lado, en ocasiones nosotros somos nuestro peor enemigo con las decisiones que tomamos. Ese es un equilibrio importante que debemos recordar. Simultáneamente, podemos ser pecadores y mártires, necios y víctimas, autolesivos y a la vez asesinados. Necesitamos ser responsables y sabios, al mismo tiempo conscientes y estar atentos a nuestro enemigo. No hay buenas noticias al final de este capítulo. Salomón termina la historia allí. Quiere que nos vayamos sintiendo toda la fuerza de sus últimas palabras: «Camino al Seol es su casa, que conduce a las cámaras de la muerte».

VERSÍCULO PARA MEMORIZAR

«Hijo mío, guarda mis razones, y atesora contigo mis mandamientos. Guarda mis mandamientos y vivirás, y mi ley como las niñas de tus ojos» (Prov. 7:1-2).

RESUMEN

Gary, escucha, hijo mío. La mujer adúltera está nuevamente de regreso. La verdad es que tendrás que pelear esta batalla todos los días. Decir «no» una vez no es suficiente. Tienes que estar preparado para decir «no» varias veces al día. Y las pequeñas decisiones, las elecciones aparentemente triviales, hechas en el patrón de un día bastante normal, tendrán un gran efecto en el rumbo de tu vida.

¿CUÁL ES EL PUNTO?

Creer verdaderamente en Jesús significa que hay un antiguo camino que dejar y un nuevo camino que vivir; una invitación que rechazar y una invitación que aceptar.

CAPÍTULO 9

¿A quién le diré «sí»?

RESUMEN

Todo cristiano necesita la sabiduría de Dios para poder vivir para Jesús en este mundo.

El camino que transitamos está lleno de trampas ocultas.

Dios nos respalda y nos protege si escuchamos y obedecemos Su voz.

Debemos confiar en Dios y no en nuestra propia inteligencia si queremos sobrevivir.

Guarda tu corazón por encima de todo lo demás.

La tentación es como una prostituta que te promete pasar un buen rato, pero termina quitándote la vida.

Puesto que necesitamos la sabiduría de Dios para cada área de nuestra vida, debemos aprender a decir «no» al pecado una y otra vez.

DETENTE

Pregunta: Imagina que te dieran la oportunidad de disfrutar de una comida en tu restaurante favorito junto a otras siete personas que tú elijas. Puede ser cualquier persona, viva o muerta, familia, celebridades, personajes de películas, caricaturas, estrellas del deporte. ¿A quién invitarías?

Quienes invitemos a esa comida revelaría mucho sobre nosotros. Revelaría nuestros intereses, la década en la que crecimos, que nos encanta reír, que valoramos a la familia o que tenemos un gusto terrible para la música. Volveremos a eso...

Hace unos años hubo un anuncio publicitario de Guinness que tenía como lema: «Las decisiones que tomamos revelan la naturaleza de nuestro carácter». Eso concuerda con el libro de Proverbios. **La verdadera naturaleza de nuestro carácter**, independientemente de que seamos *sabios* o *necios*, **se revela en las decisiones que tomamos**.

En Proverbios 9, Salomón le da a la *Sabiduría* y a la *mujer adúltera* una oportunidad más para hablar con su hijo. Para estas dos mujeres es como si esta fuera su última actuación en la etapa final de un concurso de talentos. Tienen una última oportunidad para ganar el voto de los jueces. Y el hijo tiene que emitir su voto. ¿A cuál mujer elegirá?

Salomón sabe que la decisión que tome revelará la verdadera naturaleza de su carácter...

«La sabiduría edificó su casa, labró sus siete columnas. Mató sus víctimas, mezcló su vino, y puso su mesa. Envió sus criadas; sobre lo más alto de la ciudad clamó. Dice a cualquier simple: Ven acá. A los faltos de cordura dice: Venid, comed mi pan. Y bebed del vino que yo he mezclado. Dejad las simplezas, y vivid, y andad por el camino de la inteligencia» (Prov. 9:1-6).

EL BANQUETE DE LA SABIDURÍA

La *Sabiduría* tiene una fiesta. Y estos son los detalles importantes:

El lugar: su casa, una mansión (**v. 1**).
La comida que se ofrece es carne y vino. Nada de vegetales, lo cual es una buena noticia (**v. 2**).

La mesa está preparada, servida y lista para la fiesta
(**v. 2**).

El evento ha sido programado, y las invitaciones
enviadas (**v. 3**).

La ubicación: el lugar más alto de la ciudad (**v. 3**).

Si tuviéramos que leer el resto del Antiguo Testamento, veríamos un lenguaje similar en otras partes. En **Isaías 25:6**, leemos: «Y Jehová de los ejércitos hará en este monte a todos los pueblos banquete de manjares suculentos, banquete de vinos refinados, de gruesos tuétanos y de vinos purificados». Y en **Isaías 55:1-2**, leemos: «A todos los sedientos: Venid a las aguas; y los que no tienen dinero, venid, comprad y comed. Venid, comprad sin dinero y sin precio, vino y leche. ¿Por qué gastáis el dinero en lo que no es pan, y vuestro trabajo en lo que no sacia? Oídme atentamente, y comed del bien, y se deleitará vuestra alma con grosura».

Ambos pasajes nos indican que en el Antiguo Testamento **Dios es el gran anfitrión** de los banquetes como este en Proverbios 9. La *Sabiduría* representa a Dios, invitándonos al banquete en la casa de Dios.

Por eso leemos que su casa se encuentra en lo más alto de la ciudad, porque en la ciudad de Dios el templo estaba en lo más alto de esa ciudad. También por eso nos muestra que, cuando Jesús aparece en los Evangelios contando parábolas sobre banquetes (**Luc. 15:15-24**), no solo está contando buenas historias, *sino que está afirmando* **ser** *Dios*.

Volviendo a la *Sabiduría*. ¿Quién está invitado a este banquete? «Dice a cualquier simple: Ven acá» (v. 4).

¿Dice: «Que vengan todos los que son buenos,
honestos y justos»?

¿Dice: «*Que vengan todos los que son famosos, ricos
o de la realeza*»?

Hay un excelente anfitrión. Es un gran banquete. ¿Son grandiosos los invitados? No tanto.

«Ella dice a cualquier simple: Ven acá. A los faltos de cordura dice: Venid, comed mi pan, y bebed del vino que yo he mezclado».

Ese lenguaje aparece previamente en Proverbios. **En Proverbios 7:6-7** leímos: «Porque mirando yo por la ventana de mi casa, por mi celosía. Vi entre **los simples**, consideré entre los jóvenes, a un joven **falto de entendimiento**». El joven simple y falto de entendimiento es este joven que salta a la cama con la ramera. ¡¿Y él está invitado a su banquete?! ¡¿El joven que todavía se está subiendo los pantalones cuando sale del burdel?! ¡¿Él está invitado?!

¿Cuántos de nosotros invitaríamos a este joven a nuestra comida?

Las decisiones que Dios toma revelan la verdadera naturaleza de Su carácter. Y Él invita a *este* joven. Dios, el gran anfitrión, el gran hospedador, revela ser un **Dios de gracia**.

> *Él no invita a las personas por su dignidad,*
> *sino por **Su bondad inmerecida**.*
> *Él invita a las personas a lo que ellas no merecen.*
> *Invita al adúltero,*
> *   al drogadicto,*
> *   al perezoso,*
> *   al glotón,*
> *   al asesino,*
> *   al necio y*
> *   al pecador.*

«*Dice a cualquier simple: Ven acá*».

Pero observa *cómo* deben venir. En el **versículo 6** leemos: «Dejad las simplezas, y vivid, y andad por el camino de la inteligencia».

Deja y *anda*.

Eso es lo que la Biblia llama *arrepentimiento. Dejar nuestro antiguo estilo de vida. Y andar en una dirección completamente nueva.* Ser cristiano no se trata solo de creer en Jesús.

Creer verdaderamente en Jesús significa
que hay *un antiguo camino que dejar,*
y *un nuevo camino que vivir.*

«El que corrige al escarnecedor, se acarrea afrenta; El que reprende al impío, se atrae mancha. No reprendas al escarnecedor, para que no te aborrezca; corrige al sabio, y te amará. Da al sabio, y será más sabio; enseña al justo, y aumentará su saber. El temor de Jehová es el principio de la sabiduría, y el conocimiento del Santísimo es la inteligencia. Porque por mí se aumentarán tus días, y años de vida se te añadirán. Si fueres sabio, para ti lo serás; y si fueres escarnecedor, pagarás tú solo» (Prov. 9:7-12).

LA RESPUESTA A LA SABIDURÍA

Luego de haber enviado su invitación, la *Sabiduría* recibe dos respuestas diferentes. Algunos se burlan de ella, la insultan, la atropellan y la odian. ¿Por qué? Bueno, cuando llamamos simples a personas que en realidad creen ser inteligentes, no les gustará. Responderán algo así:

«*¿Cómo te atreves a decir que soy simple y falto de entendimiento?*».
«*No me sentaré en un banquete al lado del adicto al sexo que acaba de salir del burdel*».
«*¿Cómo te atreves a ponerme en la misma categoría que él?*».

Su actitud es la de levantar la cabeza y mirar con desdén a los demás. La invitación al cristianismo es, **en**

primer lugar, una confrontación, porque dice que eres simple, que **eres un pecador**. Y para algunas personas esa razón es suficiente para burlarse de ella y odiarla. *Si somos demasiado orgullosos para ver y admitir nuestras faltas y fracasos, consideraremos la invitación un insulto.*

GARY

El pastor de Gary ha notado que él está empezando a tener una actitud un poco arrogante en la iglesia. Otro muchacho de la comunidad recientemente se convirtió en cristiano, y debido a que Gary tiene algo más de tiempo en la iglesia y ya no es el cristiano más nuevo, está comenzando a hacer alarde usando las nuevas palabras que ha aprendido. Además, no ha estado respondiendo bien cuando es confrontado en su discipulado individual sobre los patrones de pecado en su vida. En su última reunión de discipulado con su mentor, se molestó mucho cuando él le preguntó sobre su actitud.

DETENTE

Preguntas: ¿Por qué es peligroso que Gary tenga esta actitud? Si continúa con esta actitud, ¿dónde podría terminar?

Algunas personas se burlan de la *Sabiduría*. Sin embargo, otras personas la aman y aprovechan la oportunidad de ser más sabios y aumentar su aprendizaje. Hay quienes tienen una visión correcta de sí mismos, que son profundamente conscientes de su pecado y necedad. Y lo que diferencia a estos dos grupos de personas es «el temor de Jehová» (**v. 10**). *Cuando nos inclinamos en temor ante Dios, no estamos en posición de mirar con desdén a nadie más.*

Cuando Jesús anduvo sobre esta tierra recibió exactamente la misma respuesta dividida. Los arrogantes y fariseos lo odiaron, abusaron de Él y lo insultaron. Odiaban el hecho de que siempre compartía y comía con la escoria de la sociedad, tales como los cobradores de impuestos y los pecadores (**Mat. 9:11; 11:19**). Pero Jesús sabía por qué había venido. *Sabía que los sanos no tenían necesidad de médico, sino los enfermos.* Y por eso vino, no por los justos, sino por los pecadores. Para Jesús, la razón por la que cenaba con simples pecadores era porque moriría por simples pecadores (**Mat. 26:28; Juan 6:56**). Y aquellos que reconocieron ser simples pecadores, lo amaron.

Debemos guardar nuestro corazón de la arrogancia. **Debemos temer a Dios y permanecer humildes.** Nunca pienses que merecemos un lugar en la mesa de Dios. Nunca pienses que lo hemos alcanzado todo y no tenemos nada más que aprender.

> *Un creyente sabio siempre está*
> *dispuesto a aprender,*
> *abierto a la reprensión y*
> *dispuesto a crecer.*

GARY

Cuando Gary se convirtió en cristiano, realmente tenía problemas con la iglesia. Había escuchado la buena noticia de que Jesús había venido a morir por los pecadores, así que esperaba que la iglesia fuera como un hospital, donde todos estaban necesitados y rotos como él. Pero cuando entró, sintió que era el único pecador en el lugar. Parecía más una cena elegante que la sala de un hospital. La cultura de la iglesia no parecía encajar con la invitación que había recibido del evangelio. Las personas parecían dar la impresión de que todo en sus vidas marchaba «bien» y de que tenían todo «controlado». Gary quería salir corriendo por la puerta.

«La mujer insensata es alborotadora; es simple e ignorante. Se sienta en una silla a la puerta de su casa, en los lugares altos de la ciudad, para llamar a los que pasan por el camino, que van por sus caminos derechos. Dice a cualquier simple: Ven acá. A los faltos de cordura dijo: Las aguas hurtadas son dulces, y el pan comido en oculto es sabroso. Y no saben que allí están los muertos; Que sus convidados están en lo profundo del Seol» (Prov. 9:13-18).

EL BANQUETE DE LA MUJER ADÚLTERA

Como hemos visto en Proverbios, nunca hay una sola voz. Nunca hay una sola invitación.

Hay otra mujer (**v. 13**).
Hay otra casa (**v. 14**).
Pero ella es un rival en la misma ubicación: en lo más alto de la ciudad (**v. 14**).
Y es un rival para las mismas personas (**v. 16**).
«Dice a cualquier simple: Ven acá».
El pecado no está menos deseoso por destruirnos de lo que la sabiduría lo está por salvarnos.

Pero observa lo que tiene para ofrecer: «Las aguas hurtadas son dulces, y el pan comido en oculto es sabroso». ¿Por qué razón el hijo habría de elegir aguas hurtadas en lugar de un buen vino, y pan comido en lo oculto en lugar de la mejor carne? Porque apela a la naturaleza **retorcida**, **desviada** y **pervertida** de nuestro carácter que ama la adrenalina momentánea de hacer algo que no deberíamos. One Republic expresó adecuadamente esto en sus letras:

«Y siento algo tan bueno al hacer lo que está mal,
Y siento algo tan malo al hacer lo que está bien,
Todo lo que me mata me hace sentir vivo».

A | **ILUSTRACIÓN**

Imagina que alguien crea un videojuego donde se nos recompensa por conducir un automóvil de manera segura: por cuidar los límites de velocidad, ser educados con los peatones, cumplir todas las leyes de tránsito y estacionarnos como es debido. ¡Nadie compraría ese juego! Sin embargo, crea un juego donde no solo podemos conducir, sino también robar autos, atropellar a los peatones, comprar armas, robar bancos, violar a mujeres y ser perseguidos por la policía, y tendrás un negocio multimillonario.

A eso es a lo que apela la *mujer adúltera*.

No obstante, Salomón nuevamente quita la carnada para mostrar el anzuelo; quiere evitar la vergüenza al revelar la estafa; quiere salvar la vida del animal al desarmar la trampa. Siempre hay un «pero»: «No saben que allí están los muertos; que sus convidados están en lo profundo del Seol».

Ambas han interpretado su acto. Ambas han enviado sus invitaciones. Los brazos de ambas están extendidos, preparados para dar la bienvenida al hijo, y a nosotros, a un lugar en su mesa.

¿Qué voz estamos escuchando?

¿Cuál invitación estamos aceptando?

¿Quién atrae nuestro corazón?

¿Cuál banquete estimula nuestro apetito?

¿Por quién queremos ser invitado?

Las decisiones que tomamos, cada segundo del día, no solo revelarán la verdadera naturaleza de nuestro carácter.

Fijarán el rumbo de nuestra vida.

Determinarán el lugar en el que pasaremos la eternidad.

Jesús nos ofrece un lugar en Su mesa, para cenar con Él por el resto de la eternidad, aunque nuestras vidas revelan que hemos sido simples y pecadores. Él alza Su voz. Nos llama por nuestro nombre. Sus brazos están abiertos, no solo para recibirnos, sino para mostrarnos que el único camino a través del cual tenemos acceso es Su muerte en la cruz. Debemos escuchar Su voz y aceptar esta invitación, no como algo de una sola vez, como cuando nos convertimos en cristianos por primera vez, sino todo el día, todos los días, hasta que la batalla en esta vida haya terminado.

«Escucha, hijo mío».

VERSÍCULO PARA MEMORIZAR

«El temor de Jehová es el principio de la sabiduría, y el conocimiento del Santísimo es la inteligencia» (Prov. 9:10).

RESUMEN

Gary, escucha, hijo mío. Dios te invita a venir a Él gracias a Su bondad inmerecida. Te invita a algo que no mereces. Nunca lo olvides. Y necesitas acudir a Él todos los días dejando tu antiguo yo, caminando hacia Él y andando en Sus caminos.

GARY

Gary encuentra que su nueva fe es un desafío y una lucha más grande de lo que imaginó. Por un lado, está experimentando la gracia y el perdón de Dios y, por primera vez, su vida parece cobrar sentido. Sin embargo, también se encuentra librando una guerra a diario contra la tentación y el pecado, y los amigos que lo están haciendo pasar un mal rato por las decisiones que toma. Sabe muy bien lo débil y confundido que realmente está. Necesita desesperadamente que otros lo ayuden y guíen para vivir una vida que agrade a Jesús.

Hay muchas voces diferentes en la vida de Gary que le gritan cosas diferentes. Sus amigos le dicen que se ha ablandado y que la Iglesia es un chiste. Las voces en su cabeza le dicen que es demasiado difícil, que no es lo suficientemente bueno y que nunca será como estos otros cristianos que parecen tener su vida bajo control. Sus compañeros de apuestas lo fastidian para que vuelva a jugar. Tantas voces, pero solo una voz sobre todas conducirá a la vida y al contentamiento en este mundo. Es la voz de Dios revelada a nosotros por el Espíritu Santo a través de la Biblia.

Aunque Gary lucha para encontrarle sentido a la Biblia, realmente está empezando a amar leerla, ya que comienza a entender que en ella escuchamos la voz de Dios.

¿Qué hay de ti?

¿Qué voces estás escuchando?

¿Cómo estás siendo dirigido por el Dios que nos habla a través de la Biblia?